LA FAIM DU MONDE

L'anarchie culinaire selon Le Chef Bob

LES ÉDITIONS **LA PRESSE**

Catalogage avant publication de Bibliothèque et Archives
nationales du Québec et Bibliothèque et Archives Canada

Bob, le Chef

L'anarchie culinaire selon Bob
le Chef : la faim du monde

Comprend un index.

ISBN 978-2-89705-095-5

1. Cuisine rapide. 2. Cuisine économique.
3. Livres de cuisine. I. Titre.

TX833.5.B623 2012   641.5'55   C2012-941804

Directrice de l'édition
Martine Pelletier

Éditrice déléguée
Sylvie Latour

Rédacteur en chef
Alexis Brault-Tremblay

Photographe
Daniel Mathieu

Conception graphique
Yanick Nolet

Révision
Yvan Dupuis

Correction d'épreuves
Anik Tia-Samson

Stylisme culinaire
Mathilde Pigeon-Bourque

L'éditeur bénéficie du soutien de la Société de développe-
ment des entreprises culturelles du Québec (SODEC) pour
son programme d'édition et ses activités de promotion.

L'éditeur remercie le gouvernement du Québec de
l'aide financière accordée à l'édition de cet ouvrage
par l'entremise du Programme de crédit d'impôt
pour l'édition de livres, administré par la SODEC.

Nous reconnaissons l'aide financière du gouvernement du Canada par l'entremise du Fonds du livre
du Canada (F.L.C.).

Imprimé et relié au Canada

Présidente
Caroline Jamet

Les Éditions La Presse
7, rue Saint-Jacques
Montréal (Québec) H2Y 1K9

L'anarchie culinaire
selon
Bob
Le Chef

LA FAIM DU MONDE 3.0

À TABLE

LA FAIM DU MONDE 13

RECEVOIR 57

SE PREN
DRE
EN MAIN
91

B

LA RÉ
VOLTE
117

RÉPARER
LES POTS
CASSÉS
145

PRÉFACE
Par Gildor Roy

« L'appétit vient en mangeant » est sans doute le proverbe le plus bourgeois jamais inventé. Pour bien des gens, ceux qui sont moins fortunés, ceux qui sont trop pressés, ceux qui ont connu la guerre, les étudiants, le proverbe devrait être « la faim s'en va en mangeant ».

Qui se souvient de la recette d'écureuil de Jehane Benoit ? (Elle est dans le gros livre jaune de votre mère ou de votre grand-mère.)

Ou de la recette de pigeon au citron de Dany Laferrière dans *Comment faire l'amour avec un Nègre sans se fatiguer*...

Ou des *shore-lunches* de nos voyages de pêche, peu équilibrés mais tellement goûteux... parce qu'on avait faim.

De tous temps, l'homme a été un chef. Parfois de tribu, de guerre ou de clan, mais toujours de cuisine.

Depuis la première fois où un lointain cousin de Cro-Magnon a oublié un cuisseau de cerf géant sur une pierre chaude pour se rendre compte, quelques heures plus tard, que la viande était plus tendre et plus digeste, l'homme cuisine, inspiré la plupart du temps par des incidents ou simplement par le besoin.

Les guerres, les famines, les désastres et la pauvreté estudiantine ont inspiré moult techniques culinaires et encore plus de recettes.

Bob le Chef nous rappelle dans cet ouvrage éducatif, festif et révolutionnaire que, non, ce n'est pas le coulis qui est venu au début, mais bien la faim... Et que ce n'est pas le nom du plat qui compte (arrêtez de nous mélanger avec toute cette fausse poésie), mais ce qu'il goûte.

Gildor Roy

« L'image du livre de cuisine ne correspond jamais au résultat final. » — Loi de Murphy

Si quelque chose doit mal se passer, ça va infailliblement arriver à un moment donné. En cuisine, il faut particulièrement se méfier. C'est comme le toast que tu échappes forcément du côté beurré sur le plancher. Et comme quand, à la fin d'une soirée tranquille au boulot, un groupe de 25 arrive juste avant la fermeture. À preuve, c'est immanquablement quand toutes les tables du restaurant sont pleines et que tu as 25 bons de commande devant toi que le four décide d'arrêter de fonctionner.

On a déjà fait un *brunch* de Pâques sans lave-vaisselle. Je me suis électrocuté en tentant de le réparer, mais ça n'aurait rien changé étant donné que le plongeur, bien qu'habituellement ponctuel, n'était pas à son poste parce qu'il avait été déporté le matin même...

Le service n'échappe pas à la règle. Tant à la maison qu'au restaurant, c'est géné-ralement LA fois qu'on reçoit les beaux-parents que tout fout le camp. Et c'est toujours dans l'assiette du client le plus chialeur qu'on trouve le fameux cheveu.

Dans la vie en société comme dans le plus respectable des établissements, quand quelque chose chie – il n'y a pas d'autre mot –, tout le monde paye. Heureusement que, même si dans l'intensité du service on s'envoie parfois paître entre collègues, à la fin de la soirée, tout est oublié, et on est prêts à recommencer le lendemain, comme si de rien n'était. De toute façon, n'est-ce pas qu'au final, comme l'a déjà répondu un certain serveur quant à la présence vulgaire d'un corps étranger et d'ordre capillaire dans l'as-siette de son client : « Ne vaut-il pas mieux un cheveu qu'un poil ? »

Des p'tites fins du monde, y en a tous les jours. On dit en cuisine : « Prie pour que ça se passe bien, mais prépare-toi au pire. » Or, puisque c'est souvent dans l'adversité qu'on excelle, ne soyons pas pessimistes et ayons plutôt confiance en nous. Si on appré-hende toujours le pire, on ne prend pas le temps de vivre.

Pour ces raisons, les humbles recettes que tu trouveras dans ce livre sont autant de missions que de prétextes pour cuisiner dont je t'invite à t'approprier le butin, d'abord pour que, fidèle à la tradition de l'Anarchie culinaire, tu manges à ta faim pour pas cher et sans complications, puis dans l'espoir que tu partages cet héritage à ton tour, à ta façon.

D'ici la faim du monde, et dans l'espérance d'un nouveau, passons à table...

Robert James Penny alias Bob le Chef

ÉQUIPEMENT DE SURVIE

Que ce soit pour te préparer à l'apocalypse, t'installer dans un premier appartement, ou parce que tu déménages souvent, grâce à ce minimum d'équipement, tu seras en mesure d'assurer un maximum de rendement dans toutes les situations.

Assiette
(parce qu'il est rare qu'on soit dans un endroit assez propre pour manger par terre)

Assiette à tarte
(parce qu'une tarte, ça ne se fait pas dans un moule à gâteau)

Casserole
(pour les sauces ou quand on mange seul)

Chaudron
(sans quoi faire bouillir de l'eau est quasi impossible)

Chaudron en céramique
(pour les plats mijotés, à défaut d'avoir une mijoteuse)

Cintre plié en deux
(le meilleur grille-pain, même en temps de paix)

Couteau de chef
(parce qu'il coupe et que, si la faim du monde arrive pour vrai, c'est un bon départ comme arme de chasse ou de défense)

Cuillère
(manger de la soupe, c'est plus élégant avec une cuillère, non?)

Cuillère à trous
(pour déposer ou retirer des aliments d'une friteuse ou de l'eau bouillante sans se brûler)

Cuillère en bois
(un instrument qui a su traverser les âges et qui nous sera encore éternellement utile)

Cul-de-poule
(ça fait toujours rire ceux qui entendent le mot pour la première fois, mais en gros c'est un bol à mélanger)

Duct tape
(j'ai déjà vu des cuisiniers se couper sérieusement les doigts et finir leur journée avant d'aller à l'urgence)

Économe
(pour éplucher tes légumes)

Fouet
(les œufs sont masochistes)

Fourchette
(manger avec ses mains, c'est poche, surtout si tu n'as pas accès à l'eau courante)

Friteuse
(la friture est un diable pour la santé, mais cet appareil t'évitera l'enfer de mettre le feu à ta cuisine)

Lèchefrite
(pour tout ce qui va au four)

Limonadier
(non pas pour faire de la limonade, mais pour boire du vin)

Moule à muffins
(les cupcakes sont tellement à la mode, qu'il y a fort à parier qu'ils le seront encore même après l'apocalypse)

Moule à pain
(qui peut vivre sans pain?)

Ouvre-boîtes
(en mode survie, la nourriture en conserve est notre amie)

Papier d'aluminium
(presque aussi essentiel que le *Duct tape*; récupère ton papier d'aluminium pour des utilisations futures)

Papier parchemin
(pour que ça colle moins sur la tôle)

Passoire à spaghetti
(pour le reste de nos vies, ce sera toujours chiant d'égoutter les pâtes sans passoire)

Pied-mélangeur
(mon instrument de choix pour la cuisine comme pour la torture)

Pile patate
(vivre sans patates pilées!? Je préfère mourir!)

Pinces de cuisine
(elles sont l'extension de ta main)

Pots Mason
(un jour, tu seras content de pouvoir conserver tes plats cuisinés dans des contenants stérilisés)

Râpe à fromage
(parce que si tu achètes le fromage déjà râpé, tu manges du prémâché)

Salière et poivrière
(tout autre assaisonnement est superflu, mais sans ces deux-là, tu n'iras pas loin)

Spatule
(pour pratiquer tes flips…)

Tasse à mesurer
(pour tenter d'échapper à la loi de Murphy, surtout en pâtisserie)

Tôle à biscuits
(en plus d'être bruyante quand on tape dessus, à l'occasion d'une manifestation, pour éloigner les ours, ou les deux en même temps, elle te permettra d'éviter d'abîmer ton four)

Verre
(sinon tu bois dans quoi?)

L'anarchie culinaire selon Bob le Chef

LA FAIM DU MONDE

« Les progrès de la civilisation vont de pair avec ceux de la cuisine. » — Fannie Farmer

Depuis que le monde est monde, l'homme appréhende sa fin. À diverses époques, les mythologies, les philosophies et les religions ont inspiré de multiples prédictions. Fin des temps, Apocalypse, jour du Jugement, implosion de l'Univers. Selon certains, y aura d'abord trois gars à cheval, puis une invasion de sauterelles. Pour d'autres, ce sera une chute de météorites ou une attaque d'extraterrestres. Y aura eu le bogue de l'an 2000, puis y aura la fin du calendrier maya.

Pourtant, on n'a pas besoin de chercher aussi loin pour se faire des peurs. Nostradamus avait une belle plume, mais y a qu'à ouvrir la télé pour voir que la pire menace pour l'homme, c'est sans doute lui-même. Guerres, génocides, armes de destruction massive, pollution, épuisement des ressources et famines sont autant de bornes qu'ont franchies ses plus bas instincts, son appât du gain et ses autres concours de qui pisse le plus loin et qui finalement le conduisent tous à sa perte.

Bref, comme on dit, « là où y a de l'homme, y a de l'hommerie ». Rien de nouveau là. L'histoire est pleine d'exemples des plus gênants... Mais c'est seulement lorsqu'il est rassasié, que son repas du lendemain est assuré et qu'il se sent en sécurité que l'homme invente des scénarios de fin du monde. Avant même d'appréhender une fin d'envergure biblique, l'homme appréhende la FAIM.

Heureusement, c'est souvent dans le pire qu'on trouve le meilleur. C'est d'ailleurs dans les périodes sombres de l'histoire que sont nées les meilleures recettes, dont plusieurs sont encore populaires aujourd'hui. Pour le meilleur et pour le pire. S'il y a une chose rassurante, c'est que, même dans l'adversité, à court d'énergie et dénué de ressources, l'humain a toujours su faire preuve de créativité pour survivre.

Si les recettes regroupées dans ce chapitre ont permis à des peuples entiers d'éviter la faim de leur monde, elles devraient t'aider non seulement à traverser les périodes difficiles, mais t'accompagner aussi dans les moments heureux à venir.

13

« N'ARRÊTE SURTOUT PAS DE MÉLANGER. »

Risotto

La préparation du risotto est un art. Mais, comme j'aime à penser qu'il faut bien commencer quelque part, voici quelques indications de base qui t'aideront à élaborer tes propres techniques et à faire tes propres expériences. La cuisine, c'est comme l'amour. Il paraîtrait que ce sont les Italiens qui le font le mieux...

Pour 4 Michel-Ange en herbe

Temps de préparation
≈ 15 minutes

Temps de cuisson
≈ 20 minutes

Le matos

Poêlon, cuillère en bois, tasse à mesurer

La marchandise

250 ml (1 tasse) de champignons, tranchés

150 ml (⅔ tasse) d'huile d'olive ou d'huile végétale

1 oignon, ciselé finement

500 ml (2 tasses) de riz arborio

150 ml (⅔ tasse) de vin blanc

1,5 litre (6 tasses) de bouillon de volaille (ou d'eau salée presque à ébullition)

30 ml (2 c. à soupe) de beurre

250 ml (1 tasse) de fromage parmesan

Sel et poivre au goût

La mission

Dans le poêlon, à feu moyen-élevé, colorer les champignons dans la moitié de l'huile. Réserver.

Dans le même poêlon, à feu moyen-doux, faire suer l'oignon dans le reste de l'huile.

Ajouter le riz, puis continuer de mélanger avec une cuillère en bois.

Au bout d'une minute, déglacer avec le vin blanc et ajouter les champignons.

Lorsque le vin blanc est réduit, mouiller graduellement (environ 250 ml (1 tasse) à la fois) avec le bouillon de volaille, sans jamais cesser de mélanger.

Une fois tout le bouillon incorporé, goûter au riz afin de s'assurer qu'il est cuit (il ne doit pas être sec, sa texture doit être crémeuse).

Ajouter le beurre et le parmesan en continuant de mélanger.

Saler, poivrer et servir aussitôt.

Il y a presque autant de variantes de risotto qu'il y a d'ingrédients. Les plus classiques sont aux champignons, aux fruits de mer et au poulet, mais c'est si bon nature. Pour une version plus nord-américaine, remplace le vin par de la bière et le parmesan par du cheddar. Par contre, ne pousse pas l'injure jusqu'à remplacer le beurre par de la margarine...

Polenta

En cuisine, les Italiens sont reconnus pour faire des miracles avec peu. La polenta est probablement le meilleur exemple. Sûrement un des plats les plus faciles et les plus économiques qui soient. Il est bourratif, et on peut l'apprêter à toutes les sauces.

Pour 6 épis-curieux

Temps de préparation
≈ 5 minutes

Temps de cuisson
≈ 5 minutes

Le matos

Tasse à mesurer, chaudron, cuillère en bois

La marchandise

1,5 litre (6 tasses) d'eau bouillante

Une pincée de sel

75 ml (⅓ tasse) d'huile végétale ou d'olive

750 ml (3 tasses) de semoule de maïs fine

La mission

Dans le chaudron, verser l'eau, le sel et l'huile, puis porter à ébullition.

Baisser le feu à moyen.

Verser la semoule de maïs graduellement en remuant avec la cuillère en bois.

Poursuivre la cuisson environ 3 minutes sans cesser de mélanger.

Une fois le mélange prêt, on peut le manger tel quel avec de la sauce tomate, du fromage ou les deux.

Pour bâtonnets frits

Temps de réfrigération
≈ 2 heures

Temps de préparation
≈ 10 minutes

Temps de cuisson
≈ 3 minutes

Le matos

Moule à pain, couteau de chef, planche à découper, cul-de-poule, friteuse

La mission

Verser la polenta chaude dans le moule à pain et réfrigérer environ 2 heures.

Démouler et trancher en bâtonnets de l'épaisseur désirée.

Paner chaque bâtonnet avec de la semoule de maïs.

Cuire dans la friteuse à 180 °C (350 °F) jusqu'à ce que les bâtonnets soient dorés.

Servir avec de la sauce tomate, du vieux fromage cheddar, du parmesan râpé ou les deux.

Pour une terrine

Temps de réfrigération
≈ 4 heures

Temps de préparation
≈ 15 minutes

Le matos

Moule à pain, couteau de chef, planche à découper

La mission

Verser la moitié de la polenta chaude dans un moule à pain.

Déposer la farce. Pour la farce, on peut préparer des asperges blanchies* enroulées de jambon ou des champignons sautés à l'ail, qui sont les versions les plus classiques, ou utiliser les restes du frigo.

Verser le reste de la polenta pour couvrir la farce.

Réfrigérer au moins 4 heures.

Couper en tranches.

Servir froid ou réchauffer au four pendant 5 minutes.

* Blanchir un aliment signifie le cuire légèrement à l'eau bouillante, puis le passer à l'eau froide pour stopper la cuisson. (Voir la «Fricassée», page 53, pour la méthode complète.)

Je trouve dommage que la polenta soit aussi peu connue au Québec. Pourtant, ce n'est pas parce qu'on manque de champs de blé d'Inde ...

Bruschetta aux tomates

La bruschetta est un antipasto («antipasti» au pluriel, signifie «entrée» ou «hors-d'œuvre» en italien). Le mot peut paraître très chic, mais les variantes peuvent être cuisinées avec les restants de légumes du frigo qu'on met sur un vieux bout de pain.

Temps de préparation
≈ 10 minutes

Temps de cuisson
≈ 5 minutes

Le matos

Couteau de chef, planche à découper, tôle à biscuits, tasse à mesurer, cul-de-poule, cuillère en bois, râpe à fromage

La marchandise

2 tomates, coupées en dés

1 gousse d'ail, hachée (n'oublie pas d'enlever le germe)

½ oignon, émincé, ou 2 oignons verts, ciselés

125 ml (½ tasse) de fromage (de ton choix), râpé finement

45 ml (3 c. à soupe) d'huile d'olive

25 ml (5 c. à thé) de vinaigre balsamique

Sel et poivre au goût

Type de pain suggéré : biseau de baguette

La mission

Préchauffer le four à 180 °C (350 °F).

Dans le cul-de-poule, mélanger tous les ingrédients.

Déposer sur le pain et cuire au four sur la tôle à biscuits environ 5 à 6 minutes, ou simplement servir froid accompagné de croûtons ou de croustilles.

Bruschetta aux pois chiches

Temps de préparation
≈ 5 minutes

Temps de cuisson
≈ 5 minutes

Le matos

Ouvre-boîtes, passoire,
couteau de chef, planche
à découper, tôle à biscuits,
tasse à mesurer, poêlon,
cuillère en bois, râpe à fromage

La marchandise

1 boîte (398 ml) de pois chiches,
rincés

1 gousse d'ail, hachée

75 ml (⅓ tasse) d'huile d'olive
ou végétale

125 ml (½ tasse) de parmesan râpé
et rien d'autre

15 feuilles de menthe, ciselées

Sel et poivre au goût

Type de croûtons suggéré :
chips tortillas

La mission

Dans le poêlon, à feu élevé, griller légèrement les pois chiches
et l'ail dans l'huile chaude.

Retirer du feu, ajouter le
fromage et la menthe.

Saler, poivrer et servir accompagné de croûtons ou de croustilles.

Bruschetta aux champignons

Temps de préparation
≈ 5 minutes

Temps de cuisson
≈ 4 minutes

Le matos

Couteau de chef, planche
à découper, tôle à biscuits,
tasse à mesurer, poêlon, cuillère en bois, râpe à fromage

La marchandise

Environ 375 ml (1 ½ tasse)
de champignons, tranchés
(n'importe quelle sorte,
excepté les magiques)

75 ml (⅓ tasse) d'huile
d'olive ou d'huile végétale

1 gousse d'ail, hachée

125 ml (½ tasse) de fromage
(de ton choix), râpé finement

Persil (facultatif)

Sel et poivre au goût

Type de croûtons suggéré :
banik

La mission

Dans un poêlon, à feu élevé,
colorer les champignons dans
l'huile.

Ajouter l'ail et poursuivre la
cuisson environ 1 minute.

Retirer du feu, ajouter le
fromage, le persil, le sel et le
poivre. Servir tel quel accompagné de croûtons ou de croustilles.

OU

Préchauffer le four à 180 °C
(350 °F).

Étaler le mélange sur une
tranche de pain grillé et garnir
de fromage. Déposer sur une
tôle à biscuits. Saler et poivrer.

Cuire au four environ
3 à 4 minutes.

Bruschetta aux légumes croquants style asiatique

Temps de préparation
≈ 10 minutes

Temps de cuisson
≈ 5 minutes

Le matos

Couteau de chef, planche
à découper, tôle à biscuits,
tasse à mesurer, poêlon,
cuillère en bois, râpe à
fromage

La marchandise

1 carotte, coupée en petits dés

1 courgette, coupée en petits dés

75 ml (⅓ tasse) d'huile végétale

1 oignon, émincé

Gingembre (l'équivalent d'une
gousse d'ail hachée)

125 ml (½ tasse) de fèves germées,
grossièrement hachées

Jus de 1 citron

Quelques gouttes d'huile
de sésame (facultatif)

Quelques feuilles de coriandre,
hachées (facultatif)

Sel et poivre au goût

Type de croûtons suggéré :
chips de pita

La mission

Dans le poêlon, à feu élevé,
colorer la carotte et la courgette
dans l'huile chaude.

Ajouter l'oignon et le gingembre
et poursuivre la cuisson environ
1 minute.

Ajouter les fèves germées, le jus
de citron, le sel et le poivre.

Poursuivre la cuisson environ
1 minute.

Retirer du feu, ajouter l'huile
de sésame et la coriandre.

Saler et poivrer. Servir le
mélange accompagné de
croûtons ou de croustilles.

Bruschetta aux betteraves

Temps de préparation
≈ 15 minutes

Temps de cuisson
≈ 1 heure

Le matos

Chaudron, passoire, couteau de chef, planche à découper, tôle à biscuits, tasse à mesurer, cul-de-poule, râpe à fromage

La marchandise

2 grosses betteraves

45 ml (3 c. à soupe) d'huile d'olive

4 branches de thym, effeuillées

125 ml (½ tasse) de fromage de chèvre (ou de fromage râpé de ton choix)

Sel et poivre au goût

Type de croûtons suggéré : croûtons en dés

La mission

Dans le chaudron, cuire les betteraves à l'eau bouillante environ 60 minutes (comme c'est un légume racine, on démarre la cuisson à l'eau froide, mais sois patient, la betterave est un des légumes les plus longs à cuire).

Une fois les betteraves attendries (vérifie à l'aide d'un couteau), les égoutter à l'eau froide, les peler et les couper en dés.

Dans le cul-de-poule, mélanger les betteraves, l'huile d'olive, les feuilles de thym, le sel et le poivre.

Déposer dans l'assiette et garnir de fromage de chèvre et de croûtons.

Servir tiède.

Faire revivre un vieux pain

Couper le pain selon le format désiré.

Placer les bouts de pain sur une tôle à biscuits, verser un filet d'huile (d'olive de préférence, mais l'huile végétale fera tout aussi bien l'affaire) puis ajouter une pincée de sel sur chaque croûton.

Cuire à «broil» environ 2 minutes. Tourner les croûtons et cuire encore 1 minute (ou jusqu'à ce qu'ils soient parfaitement dorés).

Borsch

Le borsch est à l'Europe de l'Est ce que la minestrone est à l'Italie. Avec cette différence que, traditionnellement, on la prépare avec de la betterave. C'est ce qui lui donne cette belle couleur rouge typique.

Pour 4 camarades

Temps de préparation
≈ 20 minutes

Temps de cuisson
≈ 1 heure 10 minutes

Le matos

Couteau de chef, économe, planche à découper, chaudron, cuillère en bois, tasse à mesurer

La marchandise

6 tranches de bacon, épaisses

1 poireau, ciselé

1 oignon, ciselé

75 ml (⅓ tasse) d'huile végétale

15 ml (1 c. à soupe) de beurre

¼ de chou de Savoie, émincé

1 grosse betterave crue, épluchée et coupée en dés

1 carotte, coupée en dés

30 ml (2 c. à soupe) de vinaigre

1,5 litre (6 tasses) de bouillon de bœuf

15 ml (1 c. à soupe) de sucre

1 feuille de laurier

Sel et poivre au goût

La mission

Dans le chaudron, à feu moyen, faire revenir le bacon, le poireau et l'oignon dans l'huile et le beurre environ 2 minutes.

Ajouter le chou, la betterave et la carotte, et poursuivre la cuisson environ 4 minutes.

Déglacer avec le vinaigre.

Ajouter le bouillon, le sucre et le laurier.

Réduire à feu doux et laisser mijoter environ 1 heure.

Saler, poivrer et servir (on peut se gâter en ajoutant une cuillerée de crème sure).

La raison pour laquelle on met à la fois de l'huile et du beurre dans le chaudron plutôt qu'un seul corps gras, c'est pour éviter que le beurre brûle et donne un mauvais goût au plat.

« PLUS RICHE
QU'UN STROGANOFF,
TU MEURS. »

Bœuf Stroganoff

Les Stroganoff étaient une noble famille russe qui florissait à l'époque de la révolution industrielle. L'histoire dit que c'est au cuisinier français de Pavel, fils de l'autre, que revient la paternité de cette recette.

Pour 4 prolétaires affamés

Temps de préparation
≈ 15 minutes

Temps de cuisson
≈ 20 minutes

Le matos

Couteau de chef, planche à découper, poêlon, tasse à mesurer, ouvre-boîtes, cuillère en bois

La marchandise

310 g (⅔ lb) de bœuf, coupé en lanières

30 ml (2 c. à soupe) d'huile végétale

30 ml (2 c. à soupe) de beurre

6 champignons blancs, émincés

1 oignon, émincé

125 ml (½ tasse) de crème sure

25 ml (5 c. à thé) de pâte de tomate

Sel et poivre au goût

La mission

Dans le poêlon, à feu élevé, colorer les lanières de bœuf dans l'huile et le beurre. Réserver.

Dans le même poêlon, à feu élevé, cuire les champignons et l'oignon environ 2 minutes.

Ajouter la crème sure et la pâte de tomate, puis remuer.

Ajouter le bœuf cuit.

Garder au chaud environ 20 minutes pour que les goûts se mêlent. (Attention ! ne laisse pas la sauce bouillir, sinon le bœuf sera dur comme une semelle de botte.)

Saler, poivrer et servir avec des frites ou, de façon plus traditionnelle, avec des pommes de terre bouillies.

Selon une vieille expression russe : « Plus riche qu'un Stroganoff, tu meurs. » En faisant cette recette, tu risques plus de mourir de rire, en réalisant qu'elle peut bourrer une armée pour pas cher.

Nouilles Romanoff

De prime abord, cette recette pourtant classique peut faire penser à un vulgaire macaroni au fromage. Mais, à l'instar de la dynastie russe, elle te fera sentir comme un tsar, même dans ton 1 ½. Du moins, le temps d'un repas…

Pour 4 « *wanna be super tsar* »

Temps de préparation
≈ 10 minutes

Temps de cuisson
≈ 15 minutes

Le matos

Couteau de chef, planche à découper, tasse à mesurer, chaudron, passoire, cuillère en bois, râpe à fromage

La marchandise

1 paquet (500 g/1 lb) de nouilles aux œufs

1 oignon, émincé

1 gousse d'ail, hachée

75 ml (⅓ tasse) d'huile végétale

250 ml (1 tasse) de crème sure

125 ml (½ tasse) de lait

250 ml (1 tasse) de fromage râpé de ton choix

Sel et poivre au goût

La mission

Dans le chaudron, cuire les pâtes selon les indications du fabricant. Égoutter, verser un filet d'huile et réserver.

Dans le même chaudron, à feu moyen, blondir l'oignon et l'ail dans l'huile.

Ajouter la crème sure, le lait et le fromage, puis poursuivre la cuisson jusqu'à ce que le fromage soit fondu.

Ajouter les pâtes et mélanger.

Saler, poivrer et servir.

« LE POULET
EST CUIT QUAND
LA VIANDE
SE DÉTACHE
FACILEMENT
DE L'OS. »

Poulet à la russe

Trop souvent, on associe les appellations Romanoff, Stroganoff et « à la russe » à des recettes qui contiennent de la vodka. Pourtant, la crème sure est bien plus présente dans la cuisine russe que l'alcool de patate.

Pour 4 nostalgiques de la série de hockey « du siècle » de 1972

Temps de préparation
≈ 5 minutes

Temps de cuisson
≈ 1 heure

Le matos

Poêlon, fouet, tasse à mesurer, lèchefrite, cul-de-poule

La marchandise

4 hauts de cuisse avec les pilons

75 ml (⅓ tasse) d'huile végétale

3 œufs

250 ml (1 tasse) de crème sure

Sel, poivre au goût

La mission

Préchauffer le four à 190 °C (375 °F).

Saler et poivrer les morceaux de volaille.

Dans le poêlon, à feu élevé, saisir le poulet de chaque côté dans l'huile.

Déposer le poulet dans la lèchefrite et cuire au four environ 40 minutes.

Dans le cul-de-poule, battre les œufs.

Ajouter la crème sure et mélanger jusqu'à obtention d'une texture homogène.

Une fois le poulet cuit, éteindre le four, ajouter le mélange d'œufs et de crème sure, puis remettre au four environ 15 minutes. (Ne rallume pas ton four, car la température sera suffisamment élevée pour assurer la cuisson.)

Saler, poivrer et servir avec des pommes de terre bouillies.

Le poulet est cuit quand la viande se détache facilement de l'os.

Pipérade

En France, on cuisine ce plat d'accompagnement avec un piment, des lardons et de l'échalote. Au Québec, on le fait avec un poivron rouge, du bacon et des oignons. T'inquiète pas, c'est tout aussi bon.

Pour 2 cousins ou cousines

Temps de préparation
≈ 10 minutes

Temps de cuisson
≈ 15 minutes

Le matos

Couteau de chef, planche à découper, poêlon, cuillère en bois, tasse à mesurer

La marchandise

6 tranches de bacon, coupées en lamelles

1 oignon, émincé

1 poivron rouge, coupé en lanières

1 gousse d'ail, hachée

75 ml (⅓ tasse) de vinaigre de vin rouge

Sel et poivre au goût

La mission

Cuire le bacon à feu moyen dans un poêlon.

Juste avant qu'il ne devienne croustillant, ajouter l'oignon, le poivron et l'ail.

Poursuivre la cuisson jusqu'à ce que les oignons soient blonds.

Déglacer avec le vinaigre, saler et poivrer.

Servir en accompagnement avec du poisson blanc, du poulet ou des fruits de mer.

Bœuf bourguignon

Selon la tradition, on devrait le cuisiner avec un vin de Bourgogne. Mais, si en France ils avaient du vin rouge durant la guerre, j'ose espérer qu'ici on aura de la bière.

Pour 4 Gaulois

Temps de préparation
≈ 5 minutes

Temps de cuisson
≈ 50 minutes

Le matos

Couteau de chef, économe, planche à découper, tasse à mesurer, chaudron

La marchandise

450 g (1 lb) de bœuf en cubes (habituellement dans l'épaule)

75 ml (⅓ tasse) d'huile végétale

2 carottes moyennes, coupées en rondelles

2 oignons, émincés

3 bâtons de céleri, coupés en tranches d'environ 1 cm

2 gousses d'ail, hachées

60 ml (4 c. à soupe) de farine

1 bière (341 ml) rousse ou noire

25 ml (5 c. à thé) de pâte de tomate

1 feuille de laurier (facultatif)

1 branche de romarin (facultatif)

12 oignons perlés, épluchés

Sel et poivre au goût

La mission

Dans le chaudron, à feu moyen-élevé, colorer les cubes de bœuf dans l'huile chaude, puis réduire à feu moyen.

Ajouter les carottes, l'oignon, le céleri, l'ail, le sel et le poivre.

Poursuivre la cuisson environ 2 minutes tout en remuant.

Verser la farine dans le chaudron, mélanger de manière à recouvrir tous les ingrédients et remuer pendant 1 minute afin de cuire la farine. (C'est ce qu'on appelle «singer», une opération permettant d'épaissir le jus de cuisson pour en faire une sauce.)

Déglacer avec la bière et laisser réduire de moitié.

Ajouter la pâte de tomate, le laurier et le romarin, puis mélanger.

Réduire à feu doux, couvrir et laisser mijoter environ 40 minutes.

Ajouter les champignons et les oignons perlés. Poursuivre la cuisson encore 10 minutes.

Rectifier l'assaisonnement au besoin.

Servir chaud avec des nouilles aux œufs, du riz ou des pommes de terre en purée.

Toad in the hole

L'origine du nom de ce plat est nébuleuse. Se traduisant littéralement « crapaud dans un trou », cette recette typiquement anglaise ne contient heureusement aucun amphibien. Elle consiste plutôt en des saucisses cuites au four dans une pâte semblable à celle du pouding Yorkshire (voir page 39). Dans mon livre à moi, c'est *winning + winning*.

Pour 4 *Frogs*

Temps de préparation
≈ 10 minutes

Temps de cuisson
≈ 35 minutes

Le matos

Cul-de-poule, fouet, cuillère en bois, tasse à mesurer, poêlon, moule à pain

La marchandise

2 œufs

250 ml (1 tasse) de lait

125 ml (½ tasse) de farine

3 grosses saucisses de ton choix (ou 6 merguez)

75 ml (⅓ tasse) d'huile végétale

Sel et poivre au goût

La mission

Préchauffer le four à 200 °C (400 °F).

Dans le cul-de-poule, battre les œufs et le lait.

Ajouter la farine et le sel en pluie, sans cesser de mélanger.

Brasser jusqu'à obtention d'une pâte homogène et réserver.

Dans le poêlon, à feu moyen, avec l'huile, cuire les saucisses de 10 à 15 minutes (ça dépend de leur taille).

Déposer celles-ci dans le moule à pain (ajoute aussi le gras, il empêchera la pâte de coller et lui donnera une texture feuilletée).

Verser la pâte sur les saucisses.

Cuire au four environ 20 minutes ou jusqu'à ce que la pâte soit dorée et ait l'air croustillante.

Laisser reposer 10 minutes.

Démouler et couper en tranches d'environ 2 cm d'épaisseur.

Servir chaud, accompagné de moutarde.

« LE POUDING YORKSHIRE N'EST PAS UN DESSERT. »

Pouding Yorkshire

On dénigre souvent la cuisine britannique. Il est vrai qu'historiquement, ils se sont davantage distingués par leur force navale que par leur gastronomie. Malgré tout, on se prosterne devant la reine mère de tous les poudings, puisque la recette contient du bacon.

Pour 6 petits gâteaux cochons

Temps de préparation
≈ 15 minutes

Temps de cuisson
≈ 30 minutes

Le matos

Couteau de chef, planche à découper, tasse à mesurer, cul-de-poule, fouet, cuillère en bois, poêlon, moule à muffins

La marchandise

12 tranches de bacon, coupées en petits morceaux

1 œuf

125 ml (½ tasse) de lait

125 ml (½ tasse) de farine

Une pincée de sel

La mission

Préchauffer le four à 200 °C (400 °F).

Dans le poêlon, à feu moyen, cuire le bacon et réserver. (Ne jette pas le gras ! Tu en auras besoin pour graisser le moule.)

Dans le cul-de-poule, battre l'œuf et le lait.

Incorporer la farine et le sel en pluie sans cesser de mélanger.

Ajouter le bacon, mélanger et réserver.

Déposer environ 15 ml (1 c. à soupe) de gras de bacon dans chaque moule à muffins.

Remplir chaque moule aux trois quarts avec le mélange à pouding.

Cuire au four environ 12 à 15 minutes (ou jusqu'à ce que les poudings soient dorés).

Servir chaud avec du beurre ou, bien sûr, comme les Britishs, avec du *gravy*.

Tu auras compris qu'il ne s'agit pas d'un pouding au sens où nous l'entendons au Québec, dans le genre de ceux qui ont déjà fait chanter les « p'tits Simard ». Bien qu'on puisse le servir avec une boule de crème glacée ou de la confiture, le pouding Yorkshire n'est pas un dessert.

C'est connu, les patates ont sauvé plus d'un peuple de la famine. Et ce n'est pas prêt de changer. Voici quelques-unes des variétés de pommes de terre les plus communes qu'on trouve sur le marché, associées à leur utilisation la plus courante. Évidemment, il n'y a rien qui t'empêche de prendre à peu près n'importe laquelle pour tes recettes.

Les types de patates :

CHAIR BLANCHE
Bouillies

ROUGE
Rissolées

PATATES TENDANCES
(Bleue, ratte, etc.) idéales
pour impressionner
tes invités

CHAIR JAUNE
Pilées

FORME LONGUE
**Au four (mais elle est
aussi « tout-terrain »)**

PATATI ET PATATA,
PETITE PATATE,
ON TE MANGERA...

Hush Puppies

Les Hush Puppies ne sont pas seulement une marque de souliers. En gros, ce sont des patates pilées frites. Avoue que maintenant j'ai toute ton attention.

Pour 4 paires de galettes

Temps de préparation
≈ 15 minutes

Temps de cuisson
≈ 15 minutes

Le matos

Couteau de chef, économe, planche à découper, tasse à mesurer, chaudron, passoire, pile patate, râpe à fromage, friteuse

La marchandise

2 grosses pommes de terre, épluchées et grossièrement coupées

1 oignon, ciselé

125 ml (½ tasse) de fromage râpé de ton choix

125 ml (½ tasse) de beurre

Sel et poivre au goût

75 ml (⅓ tasse) de farine

2 œufs, battus

250 ml (1 tasse) de chapelure

La mission

Déposer les pommes de terre dans le chaudron contenant de l'eau froide et amener à ébullition.

Cuire environ 10 minutes (ou jusqu'à ce qu'elles soient tendres), éteindre le feu et égoutter.

Dans le même chaudron, réduire les pommes de terre en purée avec le pile patate.

Ajouter l'oignon, le fromage, le beurre, le sel et le poivre, puis mélanger.

Avec les mains, façonner des petites galettes.

Passer les galettes dans la farine, les œufs, puis dans la chapelure (voir « Appareil à l'anglaise », page 119).

Cuire dans la friteuse préchauffée à 180 °C (350 °F) environ 3 à 4 minutes.

Servir avec 2 œufs et du bacon pour déjeuner ou en accompagnement avec une pièce de viande au souper.

43

Gnocchis

Pour changer des pâtes alimentaires, voici une suggestion de recette que tu ne pourras pas refuser.

Pour 4 portions

Temps de préparation
≈ 40 minutes

Temps de cuisson
≈ 15 minutes

Le matos

Couteau de chef, économe, planche à découper, tasse à mesurer, chaudron, passoire, pile patate, cul-de-poule, cuillère en bois

La marchandise

4 pommes de terre, épluchées et grossièrement coupées

2 œufs

750 ml (3 tasses) de farine

Une pincée de sel

5 ml (1 c. à thé) de noix de muscade, râpée (facultatif)

La mission

Déposer les pommes de terre dans le chaudron contenant de l'eau froide et amener à ébullition.

Cuire environ 10 minutes (ou jusqu'à ce qu'elles soient tendres), éteindre le feu et égoutter.

Dans le même chaudron, réduire les pommes de terre en purée avec le pile patate.

Mesurer 1 litre (4 tasses) de purée non tassée.

Dans le cul-de-poule, battre les œufs, puis ajouter la purée de pommes de terre, 625 ml (2 ½ tassses) de farine, le sel et la muscade.

Fariner le plan de travail avec le reste de la farine et pétrir la pâte (mélanger en la repliant sur elle-même) à la main jusqu'à obtention d'une boule.

Diviser en 4 portions (cela facilitera la manipulation par la suite).

Rouler chaque portion en un saucisson d'environ 1 cm de diamètre, puis couper en rondelles de 2 cm d'épaisseur environ.

Rouler chaque rondelle sur la planche à gnocchis ou sur le dos d'une fourchette (cela va permettre à la sauce de mieux adhérer aux gnocchis).

Plonger dans l'eau bouillante salée environ 3 minutes (les gnocchis sont prêts quand ils montent à la surface de l'eau).

Servir avec ta sauce préférée.

Pour conserver les gnocchis en vue d'une utilisation future, dépose-les sur une plaque farinée que tu remises au congélateur environ 2 heures. Tu peux ensuite les placer dans un sac de plastique sans qu'ils collent ensemble ni se brisent. Inutile de les décongeler avant la cuisson. La règle reste la même : ils sont prêts lorsqu'ils montent à la surface.

45

Pommes de terre aligot version Drummondville

Loin de moi la prétention d'avoir inventé cette recette. On la trouve dans plusieurs livres de cuisine et menus de restaurant. Mais elle est si bonne, il fallait absolument que je la donne au cas où tu ne l'aurais jamais vue. En ajoutant une louche de sauce brune, tu obtiens une poutine que tu pourras encore manger après avoir attrapé le scorbut.

Pour 4 édentés

Temps de préparation
≈ 10 minutes

Temps de cuisson
≈ 15 minutes

Le matos

Économe, couteau de chef, planche à découper, chaudron, passoire, pile patate, tasse à mesurer, cuillère en bois

La marchandise

2 grosses pommes de terre, épluchées et grossièrement coupées

125 ml (½ tasse) de beurre

250 ml (1 tasse) de fromage en grains (à poutine)

Sel et poivre au goût

La mission

Déposer les pommes de terre dans le chaudron contenant de l'eau froide et amener à ébullition.

Cuire environ 10 minutes (ou jusqu'à ce qu'elles soient tendres), éteindre le feu et égoutter.

Dans le même chaudron à feu doux, réduire les pommes de terre en purée avec le pile patate. Incorporer le beurre et le fromage aux pommes de terre chaudes.

Mélanger vigoureusement jusqu'à obtention d'une purée homogène.

Saler, poivrer et servir.

Si tu sers cette recette en accompagnement, ne perds pas trop de temps à t'occuper du reste, car elle risque fort de voler la vedette.

Pelures de patate

Un classique états-unien qui fait toujours le régal des sportifs de salon, mais qu'on peut aussi servir dans une soirée mondaine qui a un peu plus de classe.

Pour je ne sais combien de personnes, dans le fond... Ça dépend du nombre d'amis que t'invites pour regarder la *game*. Mais t'as 4 patates coupées en deux : calcule combien de personnes tu peux contenter... Il en va de même pour toutes les recettes de ce livre, je suis très mal placé pour juger de ton appétit et de celui de tes amis !

Temps de préparation
≈ 15 minutes

Temps de cuisson
≈ 20 minutes

Le matos

Couteau de chef, planche à découper, tasse à mesurer, chaudron, râpe à fromage, tôle à biscuits

La marchandise

4 pommes de terre moyennes, coupées en 2 dans le sens de la longueur

250 ml (1 tasse) de fromage râpé de ton choix

6 tranches de bacon cuit, grossièrement hachées

250 ml (1 tasse) de crème sure

Ciboulette, ciselée, ou oignon vert, haché (facultatif)

Sel et poivre au goût

La mission

Préchauffer le four à 260 °C (500 °F).

Dans le chaudron contenant de l'eau froide, déposer les pommes de terre et amener à ébullition.

Baisser le feu à moyen-doux et laisser mijoter environ 15 minutes.

Retirer du feu et égoutter sous l'eau froide (comme tu dois manipuler la patate, tu ne veux pas qu'elle soit chaude...).

Creuser les patates délicatement pour enlever le plus de chair possible sans abîmer la pelure (réserve la chair pour une éventuelle purée de pommes de terre).

Sur la tôle à biscuits, déposer les pelures, garnir de fromage râpé et cuire au four environ 5 minutes (ou jusqu'à ce que les pelures et le fromage aient l'air croustillants).

Saupoudrer chaque pelure de bacon haché, de sel et de poivre (vas-y mollo avec le sel, car le bacon est salé).

Ajouter une grosse cuillerée de crème sure et décorer de brins de ciboulette ou d'oignon vert.

Servir tel quel ou en accompagnement avec une pièce de viande pour les gros mangeurs (surtout les sportifs émotifs).

Pâté aux œufs et patates

Avec une aussi haute teneur en lipides et glucides, on a un véritable repas d'athlète pour déjeuner, dîner ou souper.

Pour 4 marathoniens qui ont dépensé tout leur argent en chaussures

Temps de préparation
≈ 15 minutes

Temps de cuisson
≈ 40 minutes

Le matos

Économe, couteau de chef, planche à découper, chaudron, casserole, passoire, pile patate, cuillère en bois, lèchefrite, tasse à mesurer

La marchandise

4 grosses pommes de terre, épluchées et grossièrement coupées

180 ml (¾ tasse) de beurre fondu

6 œufs

500 ml (2 tasses) de sauce béchamel

500 ml (2 tasses) de pommes de terre en purée

125 ml (½ tasse) de beurre

Sel et poivre au goût

La mission

Sortir les œufs du frigo 1 heure avant de commencer la recette.

Préchauffer le four à 180 °C (350 °F).

Déposer les pommes de terre dans le chaudron contenant de l'eau froide et amener à ébullition.

Cuire environ 10 minutes, éteindre le feu et égoutter.

Dans le même chaudron, réduire les pommes de terre en purée avec le pile patate.

Ajouter le beurre, le sel et le poivre. Mélanger et réserver.

Déposer les œufs dans la casserole, les immerger dans l'eau froide, ajouter une pincée de sel, couvrir et porter à ébullition. (On ajoute du sel à l'eau pour rendre les œufs plus faciles à écaler une fois cuits. Ne me demande pas comment ça se fait, car bien franchement je l'ignore.)

Cuire environ 8 à 10 minutes, égoutter et refroidir rapidement sous l'eau froide.

Écaler les œufs et trancher en rondelles d'environ 5 mm.

Tapisser le fond de la lèchefrite avec la purée de pommes de terre, puis couvrir avec les œufs.

Napper généreusement de sauce béchamel.

Cuire au four environ 20 minutes.

Sauce béchamel en rappel

Pour ceux qui n'ont pas mon premier livre :

Temps de préparation
≈ 5 minutes

Temps de cuisson
≈ 10 minutes

Le matos

Chaudron, cuillère en bois, tasse à mesurer

La marchandise

15 ml (1 c. à soupe) de beurre

15 ml (1 c. à soupe) de farine

500 ml (2 tasses) de lait

Sel et poivre au goût

La mission

Dans un grand chaudron, faire fondre le beurre à feu moyen.

Ajouter la farine, puis bien mélanger pour obtenir une pâte (un roux).

Augmenter la température à moyen-élevé et ajouter environ le quart du lait.

Mélanger jusqu'à obtention d'une sauce lisse.

Ajouter le reste du lait peu à peu en continuant de mélanger.

Laisser mijoter à feu doux jusqu'à la consistance désirée. Rectifier l'assaisonnement.

Si la sauce est trop épaisse, continuer d'ajouter du lait peu à peu sans cesser de mélanger jusqu'à obtention de la consistance désirée.

Fricassée

Depuis l'époque de nos arrière-arrière-grands-mères, la fricassée a toujours servi à recycler les restants. La fricassée, c'est des patates avec à peu près n'importe quoi. Voici la version de base, qui demeure ma préférée.

Pour 4 arrière-petits-enfants

Temps de préparation
≈ 20 minutes

Temps de cuisson
≈ 15 minutes

Le matos

Couteau de chef, planche à découper, chaudron, poêlon, cuillère en bois, râpe à fromage, lèchefrite, tasse à mesurer

La marchandise

75 ml (⅓ tasse) d'huile végétale

2 grosses pommes de terre, coupées en dés

6 tranches de bacon, coupées en morceaux

1 oignon, émincé

1 gousse d'ail, hachée

4 à 6 asperges coupées en morceaux d'environ 2 cm de long

250 ml (1 tasse) de fromage râpé de ton choix

Sel et poivre au goût

La mission

Blanchir* les asperges.

Dans le poêlon, à feu élevé, rissoler les pommes de terre dans l'huile et réserver.

Dans le même poêlon, cuire le bacon à feu moyen.

À mi-cuisson, ajouter l'oignon.

Une fois le bacon cuit et l'oignon blondi, ajouter l'ail et remettre les pommes de terre.

Poursuivre la cuisson environ 2 minutes.

Ajouter les asperges blanchies, le sel et le poivre.

Déposer dans la lèchefrite. Couvrir de fromage et gratiner au four.

*Blanchir les asperges

Plonger les asperges dans de l'eau bouillante salée.

Cuire environ 2 à 3 minutes, pas plus. On les veut croquantes. La meilleure façon de savoir si elles sont prêtes, c'est d'y goûter.

Rincer à l'eau très froide, presque glacée (le choc thermique permettra aux asperges de conserver leur belle coloration verte, presque fluo).

Cette méthode de précuisson s'applique à tous les légumes qui poussent hors terre.

On pourrait remplacer les asperges par des choux de Bruxelles ou du chou-fleur et le bacon par du salami, du jambon ou même de la viande fumée.

Beignes aux patates

Si jamais t'étais pas encore convaincu des vertus de la patate, savais-tu qu'en plus de pouvoir en faire de l'alcool, elle peut aussi satisfaire ta dent sucrée…

Pour une demi-douzaine de beignes

Temps de préparation
≈ 15 minutes

Temps de cuisson
≈ 15 minutes

Le matos

Couteau de chef, planche à découper, tasse à mesurer, chaudron, pile patate, cul-de-poule, cuillère en bois, friteuse

La marchandise

500 ml (2 tasses)
de pommes de terre
en purée

15 ml (1 c. à soupe)
de beurre

250 ml (1 tasse) de sucre

Une pincée de sel

15 ml (1 c. à soupe) de poudre
à pâte

625 ml (2 ½ tasses)
de farine

125 ml (½ tasse) de lait

125 ml (½ tasse) de sucre
glace ou de cannelle

La mission

Dans le cul-de-poule, mélanger le beurre, le sucre et le sel.

Ajouter la purée de pommes de terre et la poudre à pâte.

Incorporer en alternant la farine et le lait.

À la main, pétrir la pâte environ 5 minutes.

Faire des beignes en long, en boule ou dans la forme traditionnelle.

Déposer dans la friteuse préchauffée à 180 °C (350 °F) environ 2 minutes.

Saupoudrer de sucre glace ou de cannelle.

Servir aussitôt.

S'il te reste de la pâte, mais pas suffisamment pour façonner un beigne, fais-toi alors un trou de beigne.

RECEVOIR

« Il est plus doux de donner que de recevoir. »
— Épicure

On dit qu'il faut savoir donner pour recevoir. Cela ne pourrait être plus approprié lorsqu'on prévoit de « recevoir à souper », comme on dit ici, que ce soit pour regarder la *game* entre chums, un tête-à-tête avec une cocotte, un *pot-luck* avec une *gang* d'amis ou à Pâques avec la famille.

Le concept s'étend même à d'autres plages horaires : par exemple, le brunch avec les beaux-parents ou lorsque tu dois satisfaire jusqu'à quatre heures du matin l'appétit insatiable de ton amie déprimée, qui mange ses émotions parce que son chum l'a laissée.

On ne se le cachera pas : des fois c'est bien, des fois c'est pénible. Mais, à moins de se faire ermite et vu qu'on vit encore dans un monde relativement civilisé, un jour ou l'autre, pour une raison ou une autre, vient le moment où il faut « recevoir à souper ».

Recevoir devrait être une source de plaisir et non pas de stress. Parce qu'on n'est jamais assez paré à cette éventualité, tu trouveras dans ce chapitre quelques suggestions de plats qui sont sans doute bons à bouffer seul, mais qui sont meilleurs quand ils sont partagés.

« C'EST TELLEMENT BON QU'ON PEUT TOUT SIMPLEMENT Y TREMPER LE DOIGT! » — TI-GRAS

Les trempettes

Quand on reçoit, c'est toujours une bonne idée de prévoir un petit quelque chose à manger pour les premiers arrivés à l'heure de l'apéro. Les trempettes conviennent alors parfaitement. T'as qu'à garrocher de quoi tremper alentour (crudités, croustilles ou croûtons), et tes invités auront quelque chose à se mettre sous la dent en attendant l'arrivée des retardataires et la fin de ta préparation.

Le Petit Guide de bienséance anarchique selon Bob – Article 22.2

Comme on dit en anglais : *No double-dipping !* Par respect pour les autres, peu importe dans quoi ou avec quoi tu trempes, une fois la bouchée prise, la retenue devrait être de mise pour la suite. À moins d'un degré de convivialité très élevé entre les invités, le double trempage est à proscrire.

Crack dip à Ti-Gras

Temps de préparation ≈ 10 minutes

Temps de cuisson ≈ 15 minutes

Le matos

Planche à découper, couteau de chef, tasse à mesurer, râpe à fromage, casserole, cuillère en bois

La marchandise

125 ml (½ tasse) de fromage cheddar

125 ml (½ tasse) de fromage bleu

125 ml (½ tasse) de crème 35 %

125 ml (½ tasse) de sauce BBQ maison (voir les « Côtes levées », page 67.)

125 ml (½ tasse) de poulet cuit, déchiré en filaments

Sel et poivre au goût

La mission

Dans la casserole, à feu doux, fondre les fromages avec la crème.

Incorporer la sauce BBQ et le poulet, puis laisser mijoter environ 10 minutes.

Saler, poivrer et servir.

Trempette au fromage cottage

Temps de préparation ≈ 10 minutes

Le matos

Planche à découper, couteau de chef, tasse à mesurer, cul-de-poule, cuillère en bois

La marchandise

125 ml (½ tasse) de fromage cottage

125 ml (½ tasse) de yogourt nature ou grec

½ concombre, coupé en dés

1 gousse d'ail, hachée (n'oublie pas de retirer le germe)

12 feuilles de menthe, ciselées

Sel et poivre au goût

La mission

Dans le cul-de-poule, mélanger tous les ingrédients.

Servir avec des crudités ou comme sauce d'accompagnement avec de la volaille.

Tartinade aux huîtres

Temps de préparation ≈ 5 minutes

Le matos

Ouvre-boîtes, passoire, cul-de-poule, pied-mélangeur

La marchandise

1 boîte d'huîtres fumées

1 paquet de fromage à la crème à la température de la pièce

La mission

Égoutter les huîtres et les déposer dans le cul-de-poule.

Ajouter le fromage et broyer à l'aide du pied-mélangeur.

Tartiner des craquelins et servir sur un plateau.

Trempette au saumon

Temps de préparation ≈ 5 minutes

Le matos

Ouvre-boîtes, passoire, cul-de-poule, cuillère en bois, tasse à mesurer

La marchandise

1 boîte de saumon en conserve

125 ml (½ tasse) de crème sure

15 ml (1 c. à soupe) de câpres

3 branches d'aneth, fraîches

Sel et poivre au goût

La mission

Égoutter le saumon.

Dans le cul-de-poule, mélanger le saumon, la crème sure, l'aneth, le sel et le poivre.

Réfrigérer 2 heures.

Servir avec des croustilles sel et vinaigre ou en tartinade sur un bagel.

Trempette aux artichauts et palourdes

Temps de préparation ≈ 5 minutes

Le matos

Ouvre-boîtes, passoire, cul-de-poule, pied-mélangeur

La marchandise

1 boîte (398 ml) d'artichauts

1 boîte (142 g) de palourdes en conserve

60 ml (¼ tasse) de mayonnaise

12 feuilles de basilic, ciselées (facultatif, mais meilleur)

Sel et poivre au goût

La mission

Égoutter les artichauts et les palourdes et les déposer dans le cul-de-poule.

Ajouter la mayonnaise et reduire en purée avec le pied-mélangeur.

Ajouter le basilic, le sel et le poivre.

Réfrigérer 2 heures.

Servir avec des crudités.

Trempette au cheddar orange et au bacon

Temps de préparation ≈ 5 minutes

Temps de cuisson ≈ 15 minutes

Le matos

Planche à découper, couteau de chef, poêlon, râpe à fromage, cul-de-poule, cuillère en bois, tasse à mesurer, papier absorbant

La marchandise

4 tranches de bacon

250 ml (1 tasse) de cheddar orange râpé

125 ml (½ tasse) de crème 35 %

12 tiges de ciboulette, ciselées finement

Sel et poivre au goût

La mission

Dans le poêlon, à feu moyen, cuire le bacon, puis le hacher finement. Réserver sur du papier absorbant.

Dans le même poêlon, à feu doux, faire fondre le fromage avec la crème.

Ajouter le bacon et la ciboulette.

Saler et poivrer et réfrigérer 2 heures.

Servir avec des croustilles de maïs.

L'anarchie culinaire selon Bob le Chef

Fondue parmesan

Il convient de prévoir une assiette de fromages à offrir à ses convives à la fin ou au début du repas. Servir les fromages frits, c'est avoir de la classe.

Pour une entrée qui se mange tout aussi bien comme dessert

Temps de préparation
≈ 30 minutes

Temps de cuisson
≈ 15 minutes

Temps de réfrigération
≈ 6 à 8 heures

Le matos

Tasse à mesurer, râpe à fromage, chaudron, cuillère en bois, moule à gâteau carré de 25 cm (10 po), papier parchemin, longue spatule, 3 culs-de-poule, fouet, friteuse, pinces de cuisine

La marchandise

Pour le mélange à fondue

60 ml (¼ tasse) de beurre

90 ml (6 c. à soupe) de farine

325 ml (1⅓ tasse) de lait

430 ml (1¾ tasse) de fromage parmesan, râpé finement

430 ml (1¾ tasse) de fromage suisse, râpé finement

Une pincée de noix de muscade

Sel et poivre au goût

Pour la panure

125 ml (½ tasse) de farine

3 œufs, battus

500 ml (2 tasses) de chapelure (ou de panko pour un effet plus croustillant)

La mission

Dans le chaudron, à feu moyen, faire fondre le beurre.

Ajouter la farine et fouetter environ 1 minute (assure-toi de bien délier la farine de façon qu'elle puisse former une pâte).

Verser le lait en filet (petit à petit) sans cesser de fouetter, jusqu'à obtention d'une béchamel à la texture lisse et très épaisse.

Ajouter le fromage peu à peu en mélangeant constamment jusqu'à ce qu'il soit complètement fondu. Retirer du feu.

Saler, poivrer et ajouter la muscade.

Verser dans le moule à gâteau préalablement chemisé de papier parchemin ou de pellicule plastique.

Laisser reposer 6 à 8 heures au frigo.

Retirer du moule et découper en carrés de la taille désirée (4, 9 ou 16 morceaux). Pour faciliter la manipulation et éviter que ça colle, enduis-toi les mains de farine.

Passer chaque morceau dans la farine, puis dans les œufs battus et dans la chapelure (voir «Appareil à l'anglaise», page 119).

Cuire dans la friteuse préchauffée à 180 °C (350 °F) jusqu'à ce que la croûte soit dorée à point.

Au besoin, saler et poivrer de nouveau.

Servir chaud et coulant...

«Pulled pork» fameux

Le *pulled pork*, en français «porc effiloché» ou «épaule de porc braisé», est un de mes mets favoris. Peu importe sous quelle forme, il fait immanquablement partie de mon menu pour la grande messe sportive états-unienne annuelle du *Superbowl*.

Pour plaquer l'estomac d'une ligne offensive (donne environ 5 ou 6 sandwichs, selon que le jeu de ton équipe est plus ou moins cochon)

Temps de préparation
≈ 10 minutes

Temps de cuisson
≈ 8 heures

Le matos

Cul-de-poule, cuillère en bois, tasse à mesurer, lèche-frite, 2 fourchettes, papier d'aluminium

La marchandise

1 épaule de porc avec ou sans os.*

Pour la marinade

60 ml (¼ tasse) de cassonade

30 ml (2 c. à soupe) de moutarde sèche

5 ml (1 c. à thé) de cumin moulu

15 ml (1 c. à soupe) de poudre de chili

15 ml (1 c. à soupe) de paprika

Sel et poivre au goût

Pour le jus de cuisson

250 ml (1 tasse) de bière noire

250 ml (1 tasse) de sirop de maïs

3 gousses d'ail

1 oignon, coupé en deux

Sel et poivre au goût

La mission

Dans le cul-de-poule, mélanger la cassonade, la moutarde sèche et les épices.

Enduire la viande avec les assaisonnements (ce mélange d'épices s'appelle un *rub* ou, en français, une «marinade sèche»).

Laisser mariner au moins 4 heures au frigo.

Préchauffer le four à 120 °C (250 °F).

Dans la lèchefrite, mélanger la bière, le sirop de maïs, l'ail, les oignons, le sel et le poivre, puis déposer la pièce de viande marinée.

Couvrir de papier d'aluminium et cuire au four pendant 8 heures.

Retirer du four et, avec les deux fourchettes, «effilocher» la viande.

Servir avec le jus de cuisson sur le pain de ton choix.

Tu peux faire cette recette avec presque toutes les parties du porc, mais comme pour un bon plaqué, le mieux est de la faire avec l'épaule. C'est plus goûteux et moins cher !

Rouleaux impériaux au porc effiloché

J'ai eu l'idée de cette recette la veille d'un événement-bénéfice pour lequel je devais cuisiner des canapés et les servir aux côtés de cinq chefs québécois de renom. Inutile de dire que j'étais sous pression ! Ce fut un succès. Je te souhaite la même chose.

Pour 12 rouleaux

Temps de préparation
≈ 30 minutes

Temps de cuisson
≈ 5 minutes

Le matos

Couteau de chef, planche à découper, tasse à mesurer, cul-de-poule, cuillère en bois, friteuse, tasse à mesurer

La marchandise

250 ml (1 tasse) de porc effiloché (voir le « *Pulled pork* fameux », page 65)

60 ml (¼ tasse) de noix de cajou, hachées

30 ml (2 c. à soupe) de sauce BBQ (voir les « Côtes levées », page 67)

1 paquet de feuilles à won-ton*

45 ml (3 c. à soupe) de farine

45 ml (3 c. à soupe) d'eau

Sel et poivre au goût

La mission

Dans le cul-de-poule, mélanger la viande de porc effiloché avec les noix, la sauce BBQ, le sel et le poivre.

Rouler la farce dans une feuille de won-ton en repliant les côtés comme pour façonner un cigare.

Fermer le rouleau en le collant avec de la farine et de l'eau (et non pas avec de la salive).

Cuire dans la friteuse préchauffée à 180 °C (350 °F) environ 3 minutes.

On peut ajouter un peu de mangue ou d'ananas en dés dans la farce ou encore, afin d'ajouter de la fraîcheur à nos rouleaux pour un repas d'été, une douzaine de feuilles de menthe ciselées.

* Les feuilles à won-ton se trouvent habituellement dans la section des produits congelés de ton épicerie.

67

Le Petit Guide de bienséance anarchique selon Bob – Article 31.3

Si jamais, à la fin de la soirée, il reste par miracle des bouteilles pleines, même si ce sont les tiennes, NE LES RAPPORTE PAS AVEC TOI. À moins de circonstances particulières, il existe une règle non écrite qui dit que l'alcool non consommé doit rester chez l'hôte.

Pâté chinois au porc effiloché

Si, par malheur, tu te retrouvais avec des convives qui pètent plus haut que le trou, tu pourrais les vexer en les recevant au vulgaire pâté chinois... Jusqu'à ce qu'ils y goûtent et qu'ils réalisent qu'ils n'ont même pas besoin d'ajouter du ketchup.

Pour faire friser le toupet d'une *gang* de *foodies* blasés

Temps de préparation
≈ 25 minutes

Temps de cuisson
≈ 1 heure 10 minutes

Le matos

Couteau de chef, planche à découper, économe, chaudron, passoire, pile patate, cul-de-poule, ouvre-boîtes, tasse à mesurer, lèchefrite, cuillère

La marchandise

5 grosses pommes de terre, épluchées et coupées grossièrement

45 ml (3 c. à soupe) de beurre

125 ml (½ tasse) de lait

310 ml (1¼ tasse) de porc effiloché (voir le « *Pulled pork* fameux », page 65)

180 ml (¾ tasse) de sauce BBQ (voir les « Côtes levées », page 71)

1 boîte (398 ml) de maïs en grains, égoutté

1 boîte (398 ml) de maïs en crème

Sel et poivre au goût

La mission

Préchauffer le four à 190 °C (375 °F).

Déposer les pommes de terre dans un chaudron contenant de l'eau froide et amener à ébullition.

Cuire environ 10 minutes et égoutter.

Dans le même chaudron, à feu doux, réduire les pommes de terre en purée avec le pile patate.

Incorporer le beurre, le lait, le sel et le poivre, puis réserver.

Dans le cul-de-poule, mélanger la viande de porc effiloché avec la sauce BBQ et déposer dans la lèchefrite.

Ajouter les 2 boîtes de maïs.

Recouvrir le tout avec la purée de pommes de terre.

Cuire au four environ 1 heure.

> ### Le Petit Guide de bienséance anarchique selon Bob – Article 31.1
>
> Quand tu apportes de l'alcool chez quelqu'un, pour des raisons évidentes, tu devrais toujours choisir un format qui se partage. Ceci étant dit, bien qu'on puisse en remplir plus d'un verre, les formats de bouteilles de bière de 1,18 litre, les *king cans* ou quilles (à moins d'être de spécialités) sont à éviter. La bouteille de vin et le *pack* de 6 ou 12 bouteilles de bière demeurent les meilleurs choix.
>
> N. B. : Si tu choisis la caisse de 15, dis-toi que ça peut signifier : « J'ai décidé d'y aller pour la quantité plutôt que pour la qualité. »

Côtes levées

Je prône souvent une approche de la cuisine ludique et sans contrainte. Mais, quand on parle de côtes levées, c'est aussi sérieux et excitant que la prolongation du 7e match de la coupe Stanley. Garde les yeux fixés sur la *puck*.

Pour 4 mangeurs qui n'ont pas peur d'aller dans les coins

Temps de préparation
≈ 10 minutes

Temps de réfrigération
≈ 12 à 24 heures

Temps de cuisson
≈ 4 à 6 heures

Le matos

Couteau de chef, planche à découper, lèchefrite, tôle à biscuits

La marchandise

2 côtes de dos de porc, coupées à intervalles de 3 os

1 cannette d'orangeade

1 lime, coupée en tranches

1 carotte, coupée en demi-rondelles

1 oignon, coupé en gros dés

3 gousses d'ail

3 branches de romarin

3 branches de thym

3 feuilles de laurier

Poivre en grains au goût

La mission

Dans le fond de la lèchefrite, déposer le porc et ajouter tous les ingrédients.

Couvrir de papier d'aluminium et laisser mariner au frigo de 12 à 24 heures.

Préchauffer le four à 150 °C (300 °F).

Retirer la lèchefrite du frigo et cuire au four avec la marinade, environ 4 à 6 heures.

Retirer les côtes de leur jus de cuisson et les déposer sur la tôle à biscuits.

Badigeonner généreusement de sauce BBQ maison et cuire au four à 260 °C (500 °F) environ 5 minutes ou jusqu'à ce que la sauce caramélise.

Sauce BBQ maison

Temps de préparation
≈ 10 minutes

Temps de cuisson
≈ 30 minutes

Le matos

Couteau de chef, planche à découper, tasse à mesurer, casserole, cuillère en bois

La marchandise

1 oignon, ciselé

1 gousse d'ail, hachée

75 ml (⅓ tasse) d'huile végétale

180 ml (¾ tasse) de bière rousse ou noire

90 ml (6 c. à soupe) de ketchup

60 ml (4 c. à soupe) de moutarde

30 ml (2 c. à soupe) de miel

15 ml (1 c. à soupe) de sauce soya

Sel et poivre au goût

La mission

Dans le chaudron, à feu moyen, faire suer l'oignon et l'ail dans l'huile.

Déglacer avec la bière et laisser mijoter environ 1 minute.

Ajouter le reste des ingrédients, mélanger et baisser à feu doux.

Laisser mijoter environ 30 minutes ou jusqu'à obtention de la consistance désirée.

Osso buco de porc

Traditionnellement, on cuisine l'osso buco (traduit littéralement : «os troué») avec des jarrets de veau. Cette pièce de viande est relativement coûteuse, et on peut faire la recette avec des tibias de porc, qui sont moins chers, mais tout aussi délicieux, et ce, jusqu'à la moelle.

Pour 4 carnivores aux poches trouées

Temps de préparation
≈ 15 minutes

Temps de cuisson
≈ 4 heures

Le matos

Couteau de chef, planche à découper, tasse à mesurer, poêlon, lèchefrite, chaudron, passoire

La marchandise

125 ml (½ tasse) d'huile végétale

8 morceaux de jarrets de porc sans peau (demande à ton boucher de l'enlever, sinon c'est emmerdant)

1 oignon, ciselé

1 carotte, coupée en demi-rondelles

1 gousse d'ail, hachée

125 ml (½ tasse) de vin rouge ou blanc ou de bière

1 boîte (796 ml) de tomates broyées (de marque Pastene de préférence, car elles sont plus sucrées et on les trouve pratiquement partout)

150 ml (⅔ tasse) d'eau

1 anis étoilé

3 clous de girofle

1 paquet de nouilles aux œufs, cuites (facultatif)

Sel et poivre au goût

La mission

Saler et poivrer la viande.

Préchauffer le four à 150 °C (300 °F).

Dans le poêlon, à feu élevé, saisir les morceaux de viande dans 75 ml (⅓ tasse) d'huile végétale.

Une fois le premier côté saisi, baisser à feu moyen.

Retourner les morceaux de viande et poursuivre la cuisson environ 3 minutes.

Retirer et déposer dans la lèchefrite.

Dans le même poêlon, ajouter le reste de l'huile, l'oignon, la carotte et l'ail.

Saler, poivrer et faire suer les légumes environ 2 minutes.

Déglacer avec le vin ou la bière et réduire de moitié.

Ajouter la boîte de tomates broyées, l'anis étoilé et les clous de girofle.

Mélanger, puis verser la sauce dans la lèchefrite contenant les jarrets.

Couvrir de papier d'aluminium et cuire au four environ 4 heures (la viande est prête lorsqu'elle commence à se détacher de l'os).

Servir sur un nid de nouilles aux œufs et parsemer de gremolata.

Gremolata

Pour donner de la fraîcheur à l'osso buco, on le garnit traditionnellement d'une persillade italienne qu'on appelle gremolata.

Temps de préparation
≈ 10 minutes

Le matos

Râpe à fromage (pour les zestes), couteau de chef, planche à découper, tasse à mesurer, cul-de-poule, cuillère en bois

La marchandise

Zeste d'un citron

Zeste d'une orange

Zeste d'une lime

90 ml (6 c. à soupe) de chapelure

90 ml (6 c. à soupe) de parmesan, râpé

150 ml (2/3 tasse) de persil frais, haché

Sel et poivre au goût

La mission

Dans le cul-de-poule, mélanger tous les ingrédients.

Juste avant de servir, parsemer l'osso buco de gremolata fraîche.

Curry à l'états-unienne

En Amérique, on appelle curry la plupart des plats indiens dans lesquels on utilise le fameux mélange d'épices jaune. Bien qu'on la nomme curry à tort, cette recette est tout de même idéale à faire en grosse *batch* à l'occasion d'une grosse *bash*. Feux d'artifice non inclus.

Pour 4 en juillet

Temps de préparation
≈ 30 minutes

Temps de cuisson
≈ 40 minutes

Le matos

Couteau de chef, planche à découper, tasse à mesurer, cuillère en bois, chaudron, 2 poêlons

La marchandise

600 g (1⅓ lb) de bœuf en cubes , de chair de poisson blanc ou de poulet désossé, coupé en lanières

150 ml (⅔ tasse) d'huile végétale

1 oignon rouge, coupé en dés

4 carottes, coupées en demi-rondelles

2 gousses d'ail, hachées

30 ml (2 c. à soupe) de poudre de curry

375 ml (1 ½ tasse) de lait de coco

12 champignons blancs, coupés en quartiers

1 poivron vert, coupé en lanières

2 courgettes, coupées en demi-rondelles

Sel et poivre au goût

3 oignons verts, ciselés

La mission (de paix ?)

Dans le chaudron, à feu moyen, cuire le bœuf, le poisson ou le poulet dans la moitié de l'huile.

À mi-cuisson, ajouter l'oignon, les carottes et l'ail, et poursuivre la cuisson environ 3 minutes en mélangeant (sans trop colorer les légumes).

Ajouter la poudre de curry et continuer de mélanger pour bien l'incorporer au reste des ingrédients.

Verser la boîte de lait de coco et laisser mijoter environ 15 minutes.

Dans le second poêlon à feu moyen avec le reste de l'huile, cuire les champignons, le poivron et les courgettes environ 5 minutes.

Ajouter les légumes au mélange de curry 2 minutes avant la fin de la cuisson.

Saler, poivrer et servir avec des pâtes, du riz ou de la semoule de blé.

Décorer avec des oignons verts ciselés.

Le Petit Guide de bienséance anarchique selon Bob – Article 44.1

Le lavage de la vaisselle. Il va sans dire que, par politesse, on doit toujours offrir son aide, du moins pour essuyer. Mais si ton hôte indique qu'il fera ça plus tard, n'insiste pas de façon à créer un malaise. Rien ne me stresse plus que de voir mes invités s'affairer à laver la vaisselle tout de suite après le repas, alors qu'on devrait tous rester assis tranquilles à bavarder autour d'un digestif.

« AVEC BOB LE CHEF,
JE NE SEMOULE
JAMAIS L'ORGASME. »

Semoule de blé 101

La semoule de blé est une farine des plus faciles à cuisiner. On l'appelle souvent couscous à tort puisque celui-ci est plutôt le nom du mets méditerranéen composé de cette céréale et, habituellement, d'agneau, de poulet, de merguez et de légumes. Délicieuse chaude ou froide, elle est idéale en accompagnement ou pour passer ses restes. Je suis surpris de voir qu'on en consomme peu au Québec.

Pour 4 colocs qui en ont marre du riz et des pâtes

Temps de préparation
≈ 5 minutes

Temps de cuisson
≈ 5 minutes

Le matos

Cul-de-poule, chaudron, fourchette, tasse à mesurer

La marchandise

500 ml (2 tasses) de bouillon de volaille ou d'eau salée

500 ml (2 tasses) de semoule de blé

75 ml (⅓ tasse) d'huile d'olive ou d'huile végétale

Sel et poivre au goût

La mission

Dans le chaudron, faire bouillir le bouillon de volaille ou l'eau salée.

Dans le cul-de-poule, déposer la semoule de blé avec l'huile, le sel et le poivre.

Mélanger de manière à bien enduire chaque grain d'huile.

Verser le bouillon ou l'eau bouillante, couvrir et laisser reposer 5 minutes.

Passer une fourchette dans la semoule pour briser les morceaux et ainsi éviter qu'elle ait l'allure d'une litière agglomérée (c'est-à-dire plein de «mottons»).

Servir chaud ou froid comme salade.

La semoule de blé accompagne merveilleusement une foule de plats présentés dans ce livre tels que le bœuf bourguignon, le curry, l'osso buco, le ragoût de boulettes et le bœuf Stroganoff.

Le Petit Guide de bienséance anarchique selon Bob — Article 13.7

Le contrôle du coude. L'étiquette à table regroupe des règles qui peuvent parfois se révéler aussi complexes, et pointilleuses, qu'absurdes et ridicules. Afin d'assurer un transfert moins aride des connaissances, on pourrait résumer ainsi le contrôle du coude : dès son plus jeune âge, le jeune padawan, préoccupé par l'étiquette, outre celle de sa casquette, devrait s'exercer à superviser le mouvement de ses coudes. L'arête de la table, le moins possible ils devraient franchir, puis sur le couvert du voisin ne devraient jamais empiéter. À l'âge adulte, une bonne gestion du coude devrait nécessairement impliquer une consommation responsable d'alcool. Afin d'éviter de commencer à parler en lettres attachées avant l'arrivée du dessert, le coude ne devrait jamais monter plus haut que les épaules...

Le méchoui dans une poubelle

Tu veux en mettre plein la vue à ta *gang* de chums carnivores à ton prochain BBQ ? Voici une recette qui va les épater. Quant à moi, je vais me souvenir toute ma vie de la première fois où j'ai vu ça.

Pour une orgie culinaire mémorable

Temps de préparation
≈ 45 minutes

Temps de cuisson
≈ 3 heures

Le matos

Une tige de fer comme celle de la photo, une poubelle en métal, beaucoup de briquettes de charbon de bois, du papier d'aluminium

La marchandise

1 rôti de bœuf d'environ 1,5 kg (3 lb)

1 longe de porc entière

2 poulets entiers

20 pommes de terre

250 ml (1 tasse) de sauce BBQ (Voir «Côtes levées», p. 71)

Du sel et du poivre en grande quantité

La mission

Piquer la tige dans le sol de façon qu'elle soit stable.

Embrocher successivement et dans l'ordre le bœuf, le porc et la volaille.

Au sol, sur les feuilles de papier d'aluminium, entourer la viande de pommes de terre (ainsi, le gras de la viande qui s'écoulera durant la cuisson leur donnera du goût).

Saler et poivrer généreusement la viande et les pommes de terre, puis badigeonner la viande de sauce BBQ.

Couvrir avec la poubelle (en t'assurant que les pommes de terre sont toutes à l'intérieur).

Déposer des briquettes sur le dessus et autour de la poubelle.

Allumer et cuire environ 3 heures.

Retirer les viandes de la broche, enlever les pommes de terre et servir.

L'ordre dans lequel on embroche la viande est très important. Comme la chaleur est plus intense dans le haut de la poubelle que dans le bas, le bœuf sera de couleur rosée, et le poulet cuit à point.

Le rôti de palette à Janette

« Chère Madame Bertrand, je suis un jeune sportif de 24 ans. Pas toujours très catholique, mais je me pratique. Dans mon tourment, je cherche une recette pour celle que j'aimerais comme maman pour mes enfants. Une belle brunette célibataire, un peu grassette, pas trop aventurière et bonne cuisinière. Je la reçois à souper ce dimanche pour la première fois. J'aime à penser que je suis distingué et que j'ai des bonnes manières, sauf que je n'ai aucune connaissance en cuisine. J'aimerais tout de même lui préparer quelque chose de bon, sans avoir à passer toute la veillée devant les chaudrons. Humblement, je me juge honnête, propre, fidèle, compréhensif, sobre, affectueux, sentimental, délicat, respectueux, sincère, travaillant... Mais grâce à votre recette, j'espère pouvoir augmenter mes chances pour que, le reste de la soirée, nous restions au lit. Sans toutefois être nécessairement couchés. Pourriez-vous m'aider ? »

Pour un _double blind date_ (juste pour le cas où ton ego serait démesuré, ça veut dire 2 couples ou 4 personnes consentantes)

Temps de préparation ≈ 1 minute et quart

Temps de cuisson ≈ 3 heures

Le matos

Lèchefrite, papier d'aluminium

La marchandise

1 rôti de palette, congelé

1 sachet de soupe à l'oignon en poudre

Quelques légumes coupés en gros cubes (facultatif)

La mission

Préchauffer le four à 150 °C (300 °F).

Déposer le rôti dans la lèchefrite (ne pas saler ni poivrer, le sachet de soupe à l'oignon contient déjà suffisamment d'assaisonnement).

Verser le sachet de soupe à l'oignon sur le rôti et recouvrir de papier d'aluminium.

Cuire au four pendant 3 heures.

Servir chaud et manger debout, assis ou allongé.

Cette recette est presque une insulte à l'art culinaire avec un grand A. Mais comme elle vient d'une grande dame, fallait l'essayer... Non seulement ça fonctionne, mais le résultat, aussi surprenant que ça puisse paraître, est excellent ! Pour un repas complet, on peut ajouter des légumes (carottes, pommes de terre, navets) durant la dernière heure de cuisson.

Pretzels géants

Pour le même prix que tu payerais un seul pretzel et un petit *cup* de moutarde dans le *stand* d'un aréna ou d'un stade, tu peux en faire pour nourrir tellement de tes amis que vous devriez être capables de faire la vague dans le salon.

Pour environ 6 pretzels géants

Temps de préparation
≈ 2 heures

Temps de cuisson
≈ 10 minutes

Le matos

Tasse à mesurer, cul-de-poule, chaudron, cuillère à trou, papier parchemin, tôle à biscuits

La marchandise

10 ml (2 c. à thé) de levure instantanée

250 ml (1 tasse) d'eau chaude

750 ml (3 tasses) de farine

30 ml (2 c. soupe) de cassonade

30 ml (2 c. à soupe) d'huile végétale

3 litres (12 tasses) d'eau bouillante

150 ml (⅔ tasse) de bicarbonate de soude

Gros sel

La mission

Déposer la levure instantanée dans l'eau chaude et délayer (c'est-à-dire mélanger légèrement jusqu'à obtention d'un liquide homogène ; s'il reste un petit dépôt sur le dessus, ne t'en fais pas).

Dans le cul-de-poule, verser environ les deux tiers de la farine.

Ajouter l'huile, la cassonade et la levure delayée dans l'eau chaude, puis mélanger jusqu'à obtention d'une pâte.

Pétrir la pâte à la main (mélanger en la repliant sur elle-même) et façonner une boule lisse.

Déposer dans le cul-de-poule préalablement huilé, couvrir d'un linge sec et laisser gonfler pendant environ 1 heure.

Préchauffer le four à 230 °C (450 °F).

Sur une surface saupoudrée du reste de la farine, séparer la pâte gonflée en portions égales (environ 8).

Façonner les portions en saucissons d'environ 1,5 cm de diamètre.

Nouer en forme de pretzel ou autre.

Dans le chaudron contenant de l'eau bouillante, verser le bicarbonate de soude (qui va rendre les pretzels plus croustillants).

À l'aide de la cuillère à trou, plonger délicatement un pretzel à la fois dans l'eau et cuire environ 10 secondes de chaque côté.

Retirer et déposer sur la tôle à biscuits chemisée de papier parchemin.

Saupoudrer abondamment de gros sel et cuire au four environ 6 minutes.

Servir chaud accompagné de moutarde jaune.

Comme tu les fais toi-même, pourquoi te limiter à nouer tes pretzels de façon classique ? Crée tes propres formes selon ton inspiration ! Assure-toi cependant que les pretzels sont assez solides pour résister à la manipulation lorsque tu les plongeras dans l'eau bouillante.

Pâte à pizza

À l'exception d'un déménagement, commander de la pizza pour ses convives, ça fait *cheap*. Mais si tu fais ta propre pâte, là c'est chic.

Pour une « médium large » garnie au chôix

Temps de préparation
≈ 1 heure 15 minutes

Temps de cuisson
≈ 25 minutes

Le matos

Tasse à mesurer, cul-de-poule, tôle à pizza (ou à biscuits)

La marchandise

15 ml (1 c. à soupe) de levure instantanée

250 ml (1 tasse) d'eau chaude

625 ml (2 ½ tasses) de farine

30 ml (2 c. à soupe) de sucre

60 ml (¼ tasse) d'huile végétale

Une pincée de sel

La mission

Déposer la levure dans l'eau chaude et délayer.

Dans le cul-de-poule, déposer la farine, le sucre, l'huile végétale et le sel.

Ajouter la levure et l'eau, puis pétrir la pâte (mélanger en la repliant sur elle-même) avec les mains environ 5 minutes.

Déposer la pâte dans le cul-de-poule huilé et laisser gonfler à la température de la pièce pendant environ 1 heure.

Préchauffer le four à 180 °C (350 °F).

Couper la pâte en deux, fariner et étendre sur des plaques à pizza de 25 cm (10 po) huilées.

Garnir de tes ingrédients préférés et cuire au four environ 25 minutes.

Si t'es en manque d'inspiration pour la garniture, ouvre le menu d'une pizzeria. Si tu préfères une croûte plus mince, tu n'as qu'à utiliser moins de pâte et à l'aplatir davantage.

Le Petit Guide de bienséance anarchique selon Bob – Article 21.3

Lors d'un festin, il arrive qu'on s'entende pour que l'hôte s'occupe du plat principal et que les invités apportent les autres plats. Si tu optes pour cette manière de recevoir, assure-toi que les plats apportés soient correctement distribués, de façon à éviter de te retrouver avec six baguettes et seulement un fromage. Personnellement, je préfère préparer tout le repas et laisser à mes invités le soin d'apporter boissons et grignotines pour l'apéro...

L'anarchie culinaire selon Bob le Chef

« Y'A-T-IL VRAIMENT DES GENS DANS CE BAS MONDE QUI N'AIMENT PAS LES BROWNIES ? »

Tiramisu minute

Tiramisu veut littéralement dire «remonte-moi le moral» en Italien. Comme il ne nécessite aucune cuisson, ce dessert m'a souvent tiré d'affaire à la dernière minute.

Pour 4 coupes ou 2 couples

Temps de préparation ≈ 15 minutes

Le matos

Tasse à mesurer, cuillère en bois, 2 culs-de-poule, 4 coupes à dessert (ou verres à vin ou à martini)

La marchandise

250 ml (1 tasse) de fromage ricotta

250 ml (1 tasse) de fromage à la crème

2 jaunes d'œufs

180 ml (¾ tasse) de sucre glace

310 ml (1 ¼ tasse) de café de ton choix (espresso, filtre ou instantané)

15 ml (1 c. à soupe) de rhum, de vodka, de Baileys, de Galliano ou de Frangelico (fouille dans le cabinet à mononc)

16 doigts de dame

60 ml (¼ tasse) de poudre de cacao

Des petits fruits pour la décoration

La mission

Dans le cul-de-poule, mélanger les fromages, les jaunes d'œufs, le sucre glace, 100 ml (7 c. à soupe) du café, et réserver.

Déposer le reste du café ainsi que l'alcool dans l'autre cul-de-poule et imbiber chaque biscuit.

Dans des verres à martini ou à vin, faire des étages en alternant les biscuits et le mélange de fromage.

Saupoudrer le tout de poudre de cacao.

Réfrigérer ou servir aussitôt décoré de petits fruits.

Traditionnellement, le tiramisu se prépare avec du mascarpone, mais comme celui-ci est beaucoup plus cher que la ricotta, je préfère utiliser celle-ci. À moins que je reçoive quelqu'un d'« important »...

89

Le Petit Guide de bienséance anarchique selon Bob – Article 32.7

Même si tu n'as pas la dent sucrée, quand tu as de la visite, il faut toujours prévoir un dessert. Une boîte de biscuits, ça ne compte pas...

SE PRENDRE EN MAIN

« La nature, en cuisine comme en amour,
nous donne rarement le goût de ce qui
nous est mauvais. » — Charles Baudelaire

Malheureusement, en cuisine comme en amour, ce qui est bon au goût est souvent mauvais pour la santé. Pour ne blesser personne, je préfère taire les noms des ingrédients... Même s'il n'était pas cuisinier, Baudelaire a su mieux que personne lier cette sauce qui marie le mal et la beauté, la violence et la volupté, et dont on se délecte encore aujourd'hui. Bref, le beurre, c'est bien meilleur. Pas pour le cœur, mais on en mange quand même.

Quant à moi, je ne suis pas poète, ni curé, ni plus malin qu'un autre, et je serais bien mal placé pour prêcher. Je suis cuisinier, alors je sais que, de toute façon, un jour ou l'autre, la vie finira par tous nous bouffer.

Malgré tout, j'aime à penser que la modération a du goût. S'agit de s'y mettre. Car c'est d'abord en assurant une résistance tenace face aux menaces de faim qui pèsent sur son propre monde qu'on peut prétendre défendre la fin de celui des autres... En somme, pour qu'il y ait plus de justice en ce bas monde, y faut d'abord commencer par balancer le sien. Voici quelques-unes des recettes qui m'aident à m'entretenir ou à me remettre de mes excès.

Salade de lentilles

L'être humain consomme des lentilles depuis la préhistoire. Comme les autres membres de la famille des légumineuses, elles sont une excellente source de protéines et peuvent remplacer la viande.

Pour 4 Homo sapiens

Temps de trempage
≈ 1 heure

Temps de préparation
≈ 15 minutes

Temps de cuisson
≈ 20 minutes

Le matos

Chaudron, couteau de chef, planche à découper, cuillère en bois, cul-de-poule, tasse à mesurer

La marchandise

500 ml (2 tasses) de lentilles sèches

1 oignon, ciselé

75 ml (⅓ tasse) d'huile végétale

2 gousses d'ail, hachées

500 ml (2 tasses) d'eau

150 g (⅓ lb) de fromage féta, coupé en petits dés

1 pomme, coupée en petits dés

1 poivron rouge, coupé en petits dés

125 ml (½ tasse) de noix de Grenoble ou d'amandes

90 ml (6 c. à soupe) d'huile d'olive ou d'huile végétale

35 ml (7 c. à thé) de vinaigre de vin rouge

Sel et poivre au goût

La mission

Faire tremper les lentilles au moins une heure dans l'eau froide et égoutter (le trempage réduit le temps de cuisson, préserve les vitamines et les minéraux et diminue également les risques de flatulence).

Dans le chaudron à feu moyen, faire suer l'oignon et l'ail avec l'huile végétale.

Ajouter les lentilles et l'eau.

Laisser mijoter environ 15 minutes.

Saler, poivrer et laisser refroidir.

Dans le cul-de-poule, mélanger les lentilles avec le fromage, la pomme, le poivron et les noix.

Dans un petit contenant, mélanger l'huile d'olive et le vinaigre de vin avec un peu de sel et de poivre pour obtenir une vinaigrette.

Verser dans le mélange de lentilles.

Rectifier l'assaisonnement au besoin et servir.

Comme on mange aussi avec les yeux, ajoute de la couleur à ta salade en y mettant des lentilles rouges.

« CORDONNIERS MAL CHAUSSÉS,
BEAUCOUP DE CUISINIERS
SE NOURRISSENT MAL
LORSQU'ILS TRAVAILLENT... »

Salade de haricots

Cordonniers mal chaussés, beaucoup de cuisiniers se nourrissent mal lorsqu'ils travaillent. C'est mon cas. Mais j'aime à penser que j'essaie tout de même de me forcer. Cette salade est d'ailleurs l'une de mes préférées quand je suis dans le jus au boulot.

Pour 2 personnes pressées

Temps de préparation
≈ 10 minutes

Temps de cuisson
≈ 2 minutes

Le matos

Chaudron, passoire, cul-de-poule, cuillère en bois, tasse à mesurer

La marchandise

Une vingtaine de haricots

125 ml (½ tasse) d'amandes, effilochées ou entières, non salées

35 ml (7 c. à thé) de jus de citron

125 ml (½ tasse) d'huile végétale ou d'huile d'olive

Sel et poivre au goût

La mission

Équeuter les haricots.

Cuire les haricots environ 2 minutes dans l'eau bouillante salée (on veut qu'ils restent croquants).

Égoutter sous l'eau froide.

Dans le cul-de-poule, mélanger les haricots et le reste des ingrédients.

Saler, poivrer et servir.

On peut également ajouter du fromage (féta, parmesan ou même un vieux cheddar) ou des raisins secs.

Taboulé

J'adore cette recette, car on peut y ajouter à peu près n'importe quel reste de souper pour un lunch froid le lendemain. Voici une base. Quant à l'inspiration, la balle est dans ton camp.

Pour 4 *junkies* qui arrêtent *cold turkey*

Temps de préparation
≈ 15 minutes

Le matos

Couteau de chef, planche à découper, cul-de-poule, cuillère en bois, tasse à mesurer

La marchandise

500 ml (2 tasses) de semoule de blé cuite (voir la « Semoule de blé 101 », page 77)

250 ml (1 tasse) de tomates cerises, coupées en deux (ou 2 tomates, coupées en dés)

½ concombre, coupé en dés

2 oignons verts, ciselés

125 ml (½ tasse) de graines de citrouille (facultatif)

125 ml (½ tasse) de persil frais, haché

Le jus d'un citron (ou de 2 limes)

75 ml (5 c. à soupe) d'huile d'olive ou d'huile végétale

Sel et poivre au goût

La mission

Dans le cul-de-poule, mélanger tous les ingrédients.

Rectifier l'assaisonnement au besoin et servir.

Pâte à pizza aux pois chiches

SE PRENDRE EN MAIN

Manger de la pizza sans se sentir coupable, c'est possible !

Pour une « médium large » végétarienne

Temps de préparation
≈ 5 minutes

Temps de cuisson
≈ 25 minutes

Le matos

Passoire, tasse à mesurer, cul-de-poule, pied-mélangeur, tôle à pizza (ou à biscuits)

La marchandise

1 boîte (398 ml) de pois chiches

1 gousse d'ail

60 ml (¼ tasse) de farine

2,5 ml (½ c. à thé) de poudre à pâte

30 ml (2 c. à soupe) d'huile d'olive ou végétale

Sel et poivre au goût

La mission

Préchauffer le four à 180 °C (350 °F).

Égoutter les pois chiches et rincer à l'eau froide.

Dans le cul-de-poule, broyer les pois chiches et l'ail à l'aide du pied-mélangeur, puis incorporer les autres ingrédients.

Verser le mélange sur une tôle à pizza et l'étirer.

Garnir avec tes ingrédients favoris et cuire la pizza au four environ 25 minutes.

Quant à la garniture de la pizza, ce n'est pas parce que la pâte est soi-disant plus « santé » que tu peux te permettre de mettre le double de bacon...

L'anarchie culinaire selon Bob le Chef

Pois chiches frits

Un plat qui remplace de façon originale les croustilles, le pop-corn et autres grigno-tines. Ce n'est pas véritablement plus santé, mais si c'est pour impressionner une *chick*, pis ? La pognes-tu ?

Pour regarder un film avec de mauvais sous-titres

Temps de préparation
≈ 5 minutes

Temps de cuisson
≈ 8 minutes

Le matos

Ouvre-boîtes, passoire, couteau de chef, planche à découper, chaudron, cuillère en bois, tasse à mesurer

La marchandise

1 boîte de (398 ml) de pois chiches

2 gousses d'ail, hachées

180 ml (¾ tasse) d'huile d'olive ou d'huile végétale

Sel et poivre au goût

La mission

Égoutter et rincer les pois chiches, puis les déposer sur une feuille de papier absorbant (ou un linge à vaisselle) afin d'éponger l'excédent d'eau.

Dans le chaudron, à feu élevé, cuire les pois chiches avec l'huile.

Quand ils commencent à dorer et à gonfler, ajouter l'ail, puis poursuivre la cuisson environ 2 minutes.

Saler, poivrer et servir.

Si tu veux vraiment épater la galerie, ajoute 25 ml (5 c. à thé) d'huile de truffe à tes pois chiches frits.

Barres tendres

Parfait quand on est à la course, par obligation ou par plaisir, et qu'on a besoin de remonter notre barre d'énergie.

Pour une douzaine de barres

Temps de préparation
≈ 10 minutes

Temps de cuisson
≈ 25 minutes

Le matos

Tasse à mesurer, cul-de-poule, cuillère en bois, moule à gâteau, papier ciré

La marchandise

750 ml (3 tasses) de flocons d'avoine à cuisson rapide (gruau)

125 ml (½ tasse) d'amandes, effilées

250 ml (1 tasse) de raisins secs

250 ml (1 tasse) de canneberges, séchées

125 ml (½ tasse) d'arachides, concassées

1 boîte (300 ml) de lait condensé

125 ml (½ tasse) de beurre fondu

La mission

Préchauffer le four à 160 °C (325 °F).

Dans le cul-de-poule, mélanger tous les ingrédients.

Verser le mélange dans le moule à gâteau préalablement graissé.

Cuire au four pendant 25 minutes.

Laisser refroidir, démouler et découper en portions selon tes besoins énergétiques.

Conserver au frigo dans du papier ciré.

Tu peux aussi ajouter 250 ml (1 tasse) de pépites de chocolat ou de guimauve, mais comme ce chapitre veut être plus « santé », ce sera pour une autre fois.

« ÇA DOIT ÊTRE
PSYCHOLOGIQUE... »

Pain de « viande » aux légumes

Rendu là, je ne sais pas vraiment pourquoi on appelle ça un pain de viande. Ça doit être psychologique…

Pour 3 végétariens qui veulent jouer un tour à un carnivore

Temps de préparation
≈ 20 minutes

Temps de cuisson
≈ 50 minutes

Le matos

Ouvre-boîtes, couteau de chef, planche à découper, passoire, tasse à mesurer, râpe à fromage, cul-de-poule, chaudron, cuillère en bois, pied-mélangeur, moule à pain

La marchandise

1 boîte (540 ml) de haricots rouges

125 ml (½ tasse) de sauce tomate

1 grosse pomme de terre, épluchée et coupée en dés

2 carottes, pelées et coupées en dés

1 oignon, ciselé

1 gousse d'ail, hachée

15 ml (1 c. à soupe) de pâte de tomate

75 ml (⅓ tasse) de lait

3 œufs

125 ml (½ tasse) de fromage râpé de ton choix

250 ml (1 tasse) de céréales de flocons de maïs, écrasées

15 ml (1 c. à soupe) de cumin (facultatif)

Sel et poivre au goût

La mission

Préchauffer le four à 180 °C (350 °F).

Égoutter et rincer les haricots.

Dans un cul-de-poule, réduire les haricots en purée avec la sauce tomate à l'aide du pied-mélangeur.

Ajouter le reste des ingrédients et verser dans un moule à pain préalablement graissé.

Cuire au four environ 60 minutes.

Au bout de 60 minutes, réduire le four à 150 °C (300 °F) et poursuivre la cuisson une heure.

À la sortie du four, laisser reposer 15 minutes.

Couper en tranches et servir avec de la sauce tomate et non de la sauce brune !

Falafels maison

Non seulement une solution bourrative pour se replacer l'estomac après la sortie des bars à 4 heures du matin, mais surtout un plat plus santé que la poutine...

Pour 4 fêtards soucieux du lendemain

Temps de préparation
≈ 15 minutes

Temps de réfrigération
≈ 30 minutes

Temps de cuisson
≈ 8 minutes

Le matos

Ouvre-boîtes, couteau de chef, planche à découper, passoire, cul-de-poule, pied-mélangeur, cuillère en bois, tôle à biscuits, tasse à mesurer

La marchandise

1 boîte (398 ml) de pois chiches

125 ml (½ tasse) de persil, haché

15 ml (1 c. à soupe) de cumin

45 ml (3 c. à soupe) de farine

3 gousses d'ail

Sel et poivre au goût

La mission

Égoutter et rincer les pois chiches, puis les déposer dans le cul-de-poule.

Réduire en purée à l'aide du pied-mélangeur et ajouter les autres ingrédients.

Mélanger, puis réfrigérer environ 30 minutes.

Préchauffer le four à 200 °C (400 °F).

Façonner des petites boules (environ de la taille d'une balle de golf) et les déposer sur la tôle à biscuits.

Cuire au four environ 6 à 8 minutes en les retournant à mi-cuisson.

Dresser sur un pain pita avec des morceaux de tomate, de concombre et de betterave, de la laitue, et napper généreusement de sauce tzatziki.

Sauce tzatziki

Temps de préparation
≈ 10 minutes

Le matos

Couteau de chef, économe, planche à découper, cul-de-poule, cuillère en bois

La marchandise

150 ml (⅔ tasse) de yogourt

150 ml (⅔ tasse) de crème sure

1 concombre, épépiné, épluché et coupé en petits dés

1 gousse d'ail, hachée

Sel et poivre au goût

La mission

Dans le cul-de-poule, mélanger tous les ingrédients.

Rectifier l'assaisonnement au besoin et servir.

Épousailles veloutés et muffins

On ne le répétera jamais assez, le déjeuner est le repas le plus important de la journée. Pour ceux qui n'ont pas beaucoup d'appétit le matin, les frappés et les veloutés aux fruits sont une excellente façon de faire le plein d'énergie. Si on ajoute un muffin, ça nous fait un déjeuner complet qu'on peut prendre au lit ou sur la route.

Velouté pêche, banane et fraise

Temps de préparation
≈ 5 minutes

Le matos

Ouvre-boîtes, contenant cylindrique (un pot de yogourt vide de 1 litre fait parfaitement l'affaire), pied-mélangeur, tasse à mesurer

La marchandise

1 boîte (796 ml) de pêches avec le sirop

2 bananes

10 fraises

180 ml (¾ tasse) de jus d'orange

La mission

Dans le contenant cylindrique, réduire les pêches, les bananes et les fraises en purée lisse à l'aide du pied-mélangeur.

Rectifier la consistance en ajoutant du jus d'orange et un peu de sirop de pêche (au goût).

Servir froid.

Muffins avoine et érable (6)

Temps de préparation
≈ 10 minutes

Temps de cuisson
≈ 25 minutes

Le matos

Tasse à mesurer, cul-de-poule, cuillère en bois, moule à muffins

La marchandise

125 ml (½ tasse) d'huile végétale

125 ml (½ tasse) de sucre

1 œuf, battu

250 ml (1 tasse) de lait

250 ml (1 tasse) de gruau à cuisson rapide

375 ml (1½ tasse) de farine

15 ml (1 c. à soupe) de poudre à pâte

2,5 ml (½ c. à thé) de sel

125 ml (½ tasse) de sirop d'érable

La mission

Préchauffer le four à 180 °C (350 °F).

Dans le cul-de-poule, mélanger l'huile et le sucre.

Ajouter l'œuf et le lait, puis mélanger en incorporant le gruau.

Verser en pluie la farine, la poudre à pâte et le sel en mélangeant constamment.

Ajouter le sirop d'érable, puis mélanger de nouveau.

Remplir aux trois quarts chaque moule à muffins (préalablement graissé).

Cuire au four environ 25 minutes.

Velouté banane et beurre d'arachide

Temps de préparation
≈ 5 minutes

Le matos

Contenant cylindrique
(un pot de yogourt vide
de 1 litre fait parfaitement
l'affaire), pied-mélangeur,
tasse à mesurer

La marchandise

250 ml (1 tasse) de lait

1 banane

30 ml (2 c. à soupe)
de beurre d'arachide

La mission

Dans le contenant cylindrique,
réduire tous les ingrédients en
purée lisse à l'aide du pied-
mélangeur.

Servir froid.

On peut remplacer le beurre
d'arachide par de la tartinade
aux noisettes.

Muffins aux bleuets et aux canneberges (6)

Temps de préparation
≈ 5 minutes

Temps de cuisson
≈ 25 minutes

Le matos

Tasse à mesurer, cul-de-
poule, cuillère en bois,
moule à muffins

La marchandise

75 ml (⅓ tasse) d'huile végétale

125 ml (½ tasse) de sucre

2 œufs, battus

125 ml (½ tasse) de lait

750 ml (3 tasses) de farine

15 ml (1 c. à soupe) de poudre à pâte

2,5 ml (½ c. à thé) de sel

500 ml (2 tasses) de bleuets

125 ml (½ tasse) de canneberges
en boîte

La mission

Préchauffer le four à 180 °C (350 °F).

Dans le cul-de-poule, mélanger
l'huile et le sucre.

Ajouter les œufs et le lait.

Verser en pluie la farine,
la poudre à pâte et le sel en
mélangeant constamment.

Ajouter les bleuets et les
canneberges, puis mélanger
de nouveau.

Remplir aux trois quarts chaque
moule à muffins (préalablement
graissé).

Cuire au four environ 25 minutes.

Velouté pomme, carotte et gingembre

Temps de préparation
≈ 10 minutes

Temps de cuisson
≈ 10 minutes

Le matos

Couteau de chef, économe, planche à découper, chaudron, passoire, contenant cylindrique (un pot de yogourt vide de 1 litre fait parfaitement l'affaire), pied-mélangeur

La marchandise

3 carottes, épluchées et coupées en demi-rondelles

5 ml (1 c. à thé) de gingembre frais, haché (à défaut, le gingembre en poudre fera l'affaire)

150 ml (2/3 tasse) de jus de pomme

2,5 ml (½ c. à thé) de cannelle

La mission

Déposer les carottes dans un chaudron contenant de l'eau froide et amener à ébullition.

Cuire environ 10 minutes et égoutter.

Dans le contenant cylindrique, réduire les carottes et le gingembre en purée lisse à l'aide du pied-mélangeur.

Rectifier la consistance en incorporant le jus de pomme.

Ajouter la cannelle moulue.

Servir froid.

Muffins aux poires et noix (6)

Temps de préparation
≈ 15 minutes

Temps de cuisson
≈ 25 minutes

Le matos

Couteau de chef, économe, tasse à mesurer, cul-de-poule, cuillère en bois, moule à muffins

La marchandise

125 ml (½ tasse) d'huile végétale

180 ml (¾ tasse) de sucre

2 œufs, battus

375 ml (1 ½ tasse) de farine

15 ml (1 c. à soupe) de poudre à pâte

4 poires, pelées et coupées en petits dés

250 ml (1 tasse) de noix (de ton choix)

La mission

Préchauffer le four à 180 °C (350 °F).

Dans le cul-de-poule, mélanger l'huile avec le sucre.

Ajouter les œufs.

Verser en pluie la farine avec la poudre à pâte en mélangeant constamment.

Ajouter les noix et les poires, puis mélanger de nouveau.

Remplir aux trois quarts chaque moule à muffins (préalablement graissé).

Cuire au four 25 minutes.

Velouté yogourt et framboise

Temps de préparation
≈ 5 minutes

Le matos

Tasse à mesurer, contenant cylindrique (un pot de yogourt vide de 1 litre fait parfaitement l'affaire), pied-mélangeur

La marchandise

250 ml (1 tasse) de yogourt nature

1 casseau de framboises

125 ml (½ tasse) de lait

La mission

Dans le contenant cylindrique, réduire le yogourt et les framboises en purée lisse à l'aide du pied-mélangeur.

Rectifier la consistance en ajoutant du lait.

Servir froid.

Muffins aux courges (6)

Temps de préparation
≈ 15 minutes

Temps de cuisson
≈ 25 minutes

Le matos

Tasse à mesurer, râpe à fromage, cul-de-poule, cuillère en bois, moule à muffins

La marchandise

150 ml (⅔ tasse) d'huile végétale

180 ml (¾ tasse) de sucre

2 œufs, battus

750 ml (3 tasses) de courgettes, râpées

375 ml (1 ½ tasse) de farine

15 ml (1 c. à soupe) de poudre à pâte

Une pincée de sel

La mission

Préchauffer le four à 180 °C (350 °F).

Dans le cul-de-poule, mélanger l'huile et le sucre.

Ajouter les œufs et les courgettes.

Verser en pluie la farine, la poudre à pâte et le sel en mélangeant constamment.

Remplir aux trois quarts chaque moule à muffins (préalablement graissé).

Cuire au four environ 25 minutes.

Velouté kiwi, fraise et orange

Temps de préparation
≈ 10 minutes

Le matos

Couteau de chef, planche
à découper, économe,
contenant cylindrique (un
pot de yogourt vide de 1 litre
fait parfaitement l'affaire),
pied-mélangeur

La marchandise

2 kiwis, pelés

6 à 8 fraises, équeutées

125 ml (½ tasse) de jus d'orange

La mission

Dans un contenant de forme
cylindrique, réduire les kiwis et
les fraises en purée lisse à l'aide
du pied-mélangeur.

Rectifier la consistance en
incorporant le jus d'orange.

Servir froid.

Muffins aux bananes (6)

Temps de préparation
≈ 15 minutes

Temps de cuisson
≈ 25 minutes

Le matos

Tasse à mesurer, cul-de-poule,
cuillère en bois, pile patate,
moule à muffins

La marchandise

125 ml (½ tasse) d'huile végétale

180 ml (¾ tasse) de sucre

1 œuf, battu

3 bananes, écrasées

310 ml (1 ¼ tasse) de farine

15 ml (1 c. à soupe) de poudre
à pâte

Une pincée de sel

La mission

Préchauffer le four à 180 °C (350 °F).

Dans le cul-de-poule, mélanger
l'huile et le sucre.

Ajouter l'œuf et les bananes.

Verser en pluie la farine,
la poudre à pâte et le sel en
mélangeant constamment.

Remplir aux trois quarts chaque
moule à muffins (préalablement graissé).

Cuire au four environ 25 minutes.

114

Croque-monsieur

On dit que le nom de cette recette est dû à une «mauvaise blague» d'un propriétaire de café parisien qui aurait voulu faire croire à ses clients que ses sandwichs au jambon contenaient de la chair humaine.

Pour 2 mangeuses d'hommes

Temps de préparation ≈ 15 minutes

Temps de cuisson ≈ 5 minutes

Le matos

Couteau de chef, planche à découper, tôle à biscuits, tasse à mesurer

La marchandise

2 tranches de pain de ton choix

4 tranches de jambon cuit

1 tomate, tranchée

1 poivron vert, coupé en lanières

125 ml (½ tasse) de fromage râpé de ton choix

Sel et poivre au goût

La mission

Griller le pain.

Garnir chaque tranche de pain avec, dans l'ordre, le jambon, la tomate, le poivron et le fromage.

Gratiner au four.

Saler, poivrer et croquer.

Croque-madame

Inspiré de son pendant masculin, certains disent que le nom vient de l'œuf posé sur le dessus, qui rappellerait un certain type de chapeau porté par les femmes au début du 20ᵉ siècle.

Pour 2 courailleux

Temps de préparation
≈ 15 minutes

Temps de cuisson
≈ 15 minutes

Le matos

Couteau de chef, planche à découper, tôle à biscuits, poêlon, spatule, tasse à mesurer

La marchandise

2 tranches de pain de ton choix

75 ml (⅓ tasse) d'huile végétale

2 œufs

6 tranches de bacon cuit

1 tomate, coupée en tranches

1 poivron vert, coupé en lanières

125 ml (½ tasse) de fromage râpé de ton choix

Sel et poivre au goût

La mission

Griller le pain.

Dans le poêlon à feu moyen-élevé avec l'huile, cuire les œufs au miroir, puis réserver.

Garnir chaque tranche de pain avec, dans l'ordre, le bacon, la tomate, le poivron et le fromage.

Gratiner au four.

Déposer les œufs sur les tranches de pain.

Saler, poivrer et croquer.

LA RÉVOLTE

« La fin justifie les moyens. » — Machiavel

On le sait, l'alarme a été sonnée depuis longtemps. La malbouffe qu'on sert dans les chaînes de restauration rapide et les aliments préparés qui envahissent les tablettes des épiceries sont de véritables bombes à retardement placées dans nos assiettes.

Où est le coupable ? Qui blâmer ? Qu'on nous donne le nom du responsable de ce fléau dont on est affligés ! Même si certains suspects ne se cachent pas, c'est notre propre nombril qu'on devrait d'abord montrer du doigt.

On ne veut pas l'avouer. Mais il est temps de le faire. On est la seule véritable autorité en ce qui concerne ce qu'on met dans notre bouche. Si quelque chose d'illicite y entre, y a pas de douanier à qui s'en prendre. Le patron, c'est nous. De là l'importance de soigner ses relations étrangères dans sa politique alimentaire...

Bien qu'il soit très malavisé de bâtir ta république diététique sur une telle base, y a rien de mal à manger des plats copieux et de la grosse friture grasse. Mais si tu es dans un resto qui offre le service à l'auto ou s'il y a sur l'étiquette du produit des ingrédients dont tu n'arrives pas à prononcer le nom, ça devrait être un *no-go* !

En préparant ta propre malbouffe avec des ingrédients frais dont tu connais la provenance, c'est déjà une façon de retarder le compte à rebours. Et qui sait ? Peut-être que cela nous permettra de désamorcer la bombe avant qu'elle nous pète dans la face.

J'aime à penser que la meilleure façon de changer les choses, c'est de se les réapproprier pour les détourner à ses propres fins. Et pour cela, tous les moyens sont bons. À propos, voici quelques recettes de bombes artisanales maison en vue de la résistance au combat qui s'annonce imminent. C'est une sorte de cocktail Molotov. Fais toutefois attention de ne pas te brûler.

La faim justifie les moyens ! À vos poêles, citoyens !

« LES APPAREILS
À FRITURE FROIDS
ADHÈRENT MIEUX
AUX ALIMENTS. »

Les appareils à friture

La friture est sans doute à la fois le meilleur ami et le pire ennemi de l'homme. C'est donc pourquoi, par souci de stratégie face à cette menace, je garde toujours mes aliments préférés près de moi, mais je garde les recettes ennemies encore plus près... Règle générale, si ça se mange, ça se frit. Voici 3 des techniques de friture les plus communes.

Appareil à l'anglaise

(pour du poulet frit, des bâtonnets de poisson, des escalopes de veau, etc.)

Le matos

Tasse à mesurer, 3 culs-de-poule, fouet

La marchandise

250 ml (1 tasse) de farine

4 œufs battus

500 ml (2 tasses) de chapelure

La mission

L'appareil à l'anglaise consiste à tremper l'aliment qu'on désire frire d'abord dans la farine, puis dans l'œuf battu et ensuite dans la chapelure. À chaque étape, on doit prendre bien soin d'enduire l'aliment uniformément, puis de le secouer légèrement pour enlever l'excédent. On peut remplacer la chapelure par du panko, une chapelure japonaise plus croustillante vendue dans presque toutes les épiceries, de Gatineau à Gaspé.

Appareil à la bière

(pour des beignets sucrés ou salés et, bien sûr, pour le fameux *fish and chips* !)

Le matos

Tasse à mesurer, cul-de-poule, cuillère en bois, cuillère à trous

La marchandise

1 bière (341 ml), presque glacée (si tu mets ta bière au congélo, assure-toi de ne pas l'oublier, car elle risque d'exploser)

750 ml (3 tasses) de farine

Une pincée de sel

La mission

Parce qu'il y a réaction chimique, il est important de respecter les quantités. S'il t'en faut plus, fais le ratio. Pour l'appareil à la bière, on mélange tous les ingrédients dans le cul-de-poule et, à l'aide de la cuillère à trous, on y trempe les aliments allègrement de façon à bien les couvrir. Pour un meilleur résultat, on recommande de faire la préparation à la minute, c'est-à-dire juste avant l'utilisation. Si cependant tu veux la faire d'avance pour gagner du temps, garde-la au froid, sinon c'est foutu.

Mélange à tempura

(pour des fruits, des légumes, du poulet, des crevettes, etc.)

Le matos

Tasse à mesurer, cul-de-poule, cuillère en bois, cuillère à trous

La marchandise

180 ml (¾ tasse) de farine

150 ml (⅔ tasse) d'eau, presque glacée (important !)

1 œuf, battu

Une pincée de sel

La mission

Pour l'appareil à tempura, on mélange tous les ingrédients dans le cul-de-poule, puis on trempe les aliments à l'aide de la cuillère à trous de façon à les enrober d'une bonne couche uniforme. Comme pour l'appareil à la bière, il est fortement recommandé de le préparer à la minute.

Poulet frit maison

Le colonel, avec la clé anglaise, dans la cuisine. Tous les indices contenus dans la recette pointent vers le coupable.

Pour 4 suspects

Temps de préparation
≈ 15 minutes

Temps de cuisson
≈ 30 minutes à 1 heure
(ça dépend de la taille de la friteuse et des morceaux)

Le matos

Tasse à mesurer, 3 culs-de-poule, fouet, friteuse, pinces de cuisine

La marchandise

12 morceaux de poulet (pilons, hauts de cuisse ou morceaux de poitrine)

250 ml (1 tasse) de farine

4 œufs, battus

500 ml (2 tasses) de chapelure panko (ou de chapelure ordinaire)

Sel et poivre au goût

La mission

Saler et poivrer le poulet.

Tremper successivement chaque morceau dans la farine, les œufs battus et la chapelure.

Cuire dans la friteuse préchauffée à 160 °C (325 °F) environ 15 minutes, ou jusqu'à ce que la chapelure ait l'air très croustillante (vérifie tout de même la cuisson avant de servir : si c'est encore rose à l'intérieur, c'est que ce n'est pas assez cuit).

Au besoin, saler et poivrer de nouveau.

Servir chaud avec de nombreuses serviettes de table.

En manipulant des parties de poules crues ainsi, il arrive, même aux meilleurs, d'en avoir plein les mains. Parce que la salmonelle est l'une des pires ennemies du cuisinier, bien pire que la fille que t'as rencontrée la veille, n'oublie jamais que, lors du contact, tes mains doivent éviter d'être trop baladeuses et que l'hygiène est de mise durant le trempage. Lave-les avant et après.

Beignets aux fruits

Dans la poursuite exclusive du goût avec la friture, tu peux réduire les qualités nutritives d'un aliment presque à néant… *Cool* !

Pour un treize à la douzaine

Temps de préparation
≈ 15 minutes

Temps de cuisson
≈ 15 minutes

Le matos

Couteau de chef, économe, tasse à mesurer, cul-de-poule, cuillère en bois, friteuse, pinces de cuisine, assiette, papier absorbant

La marchandise

1 pomme, évidée, pelée et coupée en quatre

4 grosses fraises

2 bananes, pelées

1 bière (341 ml), très froide

750 ml (3 tasses) de farine

150 ml (⅔ tasse) de sucre glace

La mission

Tremper les morceaux de pomme, les fraises et les bananes dans l'appareil à la bière (voir « Appareil à la bière », page 119).

Déposer dans la friteuse préchauffée à 180 °C (350 °F) (à moins d'avoir une friteuse grosse comme un lavabo, vas-y 2 ou 3 morceaux de fruits à la fois, sinon ils vont coller ensemble).

Retirer les beignets une fois qu'ils sont dorés à souhait. Contrairement à la viande, le fruit n'a pas besoin d'être cuit. Pour savoir quand les retirer, la dorure devrait être le seul élément à considérer.

Déposer sur du papier absorbant pour éponger l'excédent d'huile.

Saupoudrer de sucre glace (tu peux mettre le sucre dans une salière pour avoir un saupoudrage plus uniforme).

Servir nature avec du miel chaud ou du sirop d'érable.

Un vrai fish and chips

Un bon *fish and chips*, dépend d'abord de la qualité du poisson. Même si la friture, ne le cachons pas, ça sent fort, elle ne sentira jamais assez pour masquer l'odeur nauséabonde d'une vieille prise trouvée dans le rayon des aliments en solde de ton épicerie. N'hésite pas à t'informer des arrivages auprès de ton poissonnier. Quel que soit mon horaire, il y a certains rendez-vous que je ne manque pas.

Pour une assiette de poisson et frites digne de ce nom

Temps de préparation
≈ 10 minutes

Temps de cuisson
≈ 8 minutes

Le matos

Tasse à mesurer, cul-de-poule, cuillère en bois, friteuse, pinces de cuisine, assiette, papier absorbant

La marchandise

250 g (½ lb) d'aiglefin ou de morue fraîche

1 bière (341 ml), très froide

750 ml (3 tasses) de farine

Sel et poivre au goût

2 quartiers de citron (pour le goût et la décoration)

La mission

Couper les filets de poisson en morceaux (environ 3 ou 4 par filet).

Saler et poivrer.

Tremper les morceaux de poisson dans l'appareil à bière (voir « Appareil à la bière », page 119).

Cuire dans la friteuse préchauffée à 180 °C (350 °F) environ 6 à 8 minutes.

Déposer sur du papier absorbant pour enlever l'excédent d'huile.

Servir accompagné de frites maison et de sauce grébiche (voir « Les mayonnaises », page 138).

Des vraies bonnes frites

Un peu comme les préliminaires, ce n'est pas la cuisson finale des frites qui assure leur réussite. Encore moins la mayonnaise. Pour un bon coït, il ne faut jamais négliger l'étape de la précuisson. Ça prend un peu plus de temps, mais le résultat est bien meilleur.

En moyenne, je calcule une grosse pomme de terre et demie par portion

Temps de préparation
≈ 10 minutes

Temps de cuisson
≈ 15 minutes

Le matos

Couteau de chef, planche à découper, friteuse, cul-de-poule, pinces de cuisine, papier absorbant

La marchandise

3 grosses pommes de terre

Sel et poivre au goût

La mission

Couper les pommes de terre en bâtonnets.

Dans la friteuse préchauffée à 150 °C (300 °F), blanchir les pommes de terre environ 10 minutes.

Retirer et déposer dans le cul-de-poule tapissé de papier absorbant.

Augmenter la température de la friteuse à 180 °C (350 °F).

Remettre les frites à cuire de 5 à 7 minutes ou jusqu'à ce qu'elles soient dorées à souhait.

Déposer sur le papier absorbant dans le cul-de-poule pour enlever l'excédent d'huile.

Saler et poivrer.

Servir avec du ketchup, du vinaigre ou une mayo assaisonnée de ton choix (voir « Les mayonnaises », page 138).

Frire une barre de chocolat

Quand j'étais petit, j'ai été diagnostiqué «hyperactif», comme on disait à l'époque…
Au lieu de me donner du Ritalin, ma mère a préféré retirer de mon régime certains
aliments à haute teneur en sucre comme le chocolat. Ainsi, à Pâques, au lieu d'un coco
ou d'un lapin je recevais des chips. Maintenant que je suis adulte et que j'ai plus de
sagesse, quand je veux me gâter, je mange les deux en même temps.

**Pour une *date* qui n'a
pas peur d'essayer
de nouvelles choses**

Temps de préparation
≈ 10 minutes

Temps de cuisson
≈ 5 minutes

Le matos

Tasse à mesurer, cul-
de-poule, cuillère en bois,
friteuse, pinces de cuisine,
papier absorbant

La marchandise

2 barres de chocolat de
ton choix (ou celles qui
sont vendues 2 pour 1
à ton dépanneur)

60 ml (¼ tasse) de farine

1 bière (341 ml), très froide

750 ml (3 tasses) de farine

25 ml (5 c. à thé) de sucre
glace ou de poudre de cacao

La mission

Réfrigérer les barres de chocolat au moins 1 heure avant de faire
la recette.

Rouler les barres de chocolat dans la farine.

Les tremper dans la pâte à frire froide (voir «Appareil à la bière»,
page 119).

Déposer dans la friteuse préchauffée à 190 °C (375 °F).

Les retirer quand elles sont légèrement dorées.

Déposer sur du papier absorbant pour éponger l'excédent d'huile.

Saupoudrer de sucre glace ou de poudre de cacao (tu peux mettre
le sucre ou le cacao dans une salière pour obtenir un saupoudrage
plus uniforme).

Servir avec couteau et fourchette.

Cocktail de crevettes tempura

C'est pas écrit dans la Bible, mais il paraît que c'est ce qu'ils ont servi comme cocktail au dernier repas.

Pour 4 apôtres de la bonne bouffe

Temps de préparation
≈ 20 minutes

Temps de cuisson
≈ 5 minutes

Le matos

Tasse à mesurer, cul-de-poule, fouet, cuillère en bois, friteuse, pinces de cuisine, assiette, papier absorbant

La marchandise

12 crevettes de taille 8-12*

Sel et poivre au goût

1 citron, en quartiers (facultatif)

180 ml (¾ tasse) de farine

150 ml (⅔ tasse) d'eau presque glacée (important!)

1 œuf, battu

Une pincée de sel

*8-12 indique la grosseur des crevettes. Ça veut dire qu'on en trouve 8 à 12 par livre.

La mission

Décortiquer les crevettes si ce n'est pas déjà fait.

Tremper les crevettes une à une dans la pâte à friture (voir «Mélange à tempura», page 119).

Déposer les crevettes dans la friteuse préchauffée à 180 °C (350 °F) (comme ce sont de grosses crevettes, n'en fris pas plus de 3 à la fois, sinon elles vont coller ensemble).

Une fois les crevettes dorées à souhait, les retirer et les déposer dans l'assiette couverte de papier absorbant pour éponger l'excédent d'huile.

Saler et poivrer.

Servir nature avec un quartier de citron ou de la sauce cocktail.

Sauce cocktail

Le matos

Cul-de-poule, cuillère en bois

La marchandise

125 ml (½ tasse) de raifort

150 ml (⅔ tasse) de ketchup

La mission

Dans le cul-de-poule, mélanger le raifort et le ketchup.

Macaroni au fromage sans sachet

Ils nous avaient prévenus à l'école, mais on a quand même essayé... À l'époque, la cafétéria n'était pas un très bon exemple. Après t'être pardonné, réflexion faite, t'as peut-être compris que tu ne devrais jamais prendre l'habitude de manger un tel plat. Si tu fais partie de ceux-là et si tu sais lire entre les lignes, tu sais déjà que mélanger de la poudre en sachet à tes pâtes, c'est mal... Mais, à ceux qui seraient toujours *addict*, j'aimerais rappeler qu'heureusement il existe une solution de rechange.

Pour une bonne dose de remède maison

Temps de préparation
≈ 10 minutes

Temps de cuisson
≈ 20 minutes

Le matos

Couteau de chef, planche à découper, chaudron, passoire, cuillère en bois, tasse à mesurer

La marchandise

500 g (1 lb) de macaroni

125 ml (1/2 tasse) d'huile végétale

1 gousse d'ail, hachée

180 ml (¾ tasse) de crème

250 ml (1 tasse) de fromage cheddar fort jaune, râpé

Sel et poivre au goût

5 ml (1 c. à thé) de paprika (pour la couleur)

La mission

Dans le chaudron, cuire les pâtes alimentaires (selon les indications du fabricant).

Égoutter, verser un filet d'huile (afin qu'elles ne collent pas) et réserver.

Dans le même chaudron à feu moyen, faire suer l'ail avec le reste de l'huile.

Ajouter la crème.

Quand la crème commence à bouillir, ajouter le fromage graduellement tout en remuant.

Ajouter les pâtes.

Assaisonner avec le sel, le poivre et le paprika.

Servir chaud.

Le « mac 'n' cheese » est une recette parfaite pour passer tes restes de fromage. Brie, bleu, gouda, mozzarella, n'importe quoi ! Tu peux même le gratiner. Tant qu'à se lâcher lousse, on peut également y mettre du bacon, de la saucisse, ou y ajouter une boîte de jus de tomate. Pour le véritable effet « macaroni en boîte », ajoute des tranches de fromage orange emballées individuellement. Mais ne dis surtout pas à personne que c'est moi qui t'ai dit de faire ça...

Jos Louis maison

On pourrait penser que le nom de cette pâtisserie populaire créée dans les années 1930 vient du boxeur américain Joe Louis. Or il semblerait qu'elle a été nommée ainsi en l'honneur des fils du père Vachon, Joseph et Louis. Quelque 80 années plus tard, la recette reste la même, et c'est encore meilleur quand c'est fait maison, comme dans le temps...

Pour 6 gâteaux

Temps de préparation
≈ 45 minutes

Temps de cuisson
≈ 40 minutes

Temps de réfrigération
≈ 2 heures

Le matos

Tasse à mesurer, 3 culs-de-poule, chaudron, cuillère en bois, cuillère à trou, fouet, spatule, tôle à biscuits, papier parchemin

Pour la base

La marchandise

115 g (4 oz) de chocolat noir

125 ml (½ tasse) de beurre

250 ml (1 tasse) de sucre

2 œufs, battus

180 ml (¾ tasse) de lait

375 ml (1½ tasse) de farine

Une pincée de sel

5 ml (1 c. à thé) de bicarbonate de sodium

La mission

Préchauffer le four à 180 °C (350 °F).

Dans le chaudron à feu élevé, amener de l'eau à ébullition et déposer le cul-de-poule sur le dessus pour créer un bain-marie.

Dans le bain-marie, faire fondre le chocolat et réserver.

Dans le cul-de-poule, mélanger le beurre et le sucre.

Ajouter les œufs et continuer de mélanger.

Incorporer en alternant le lait et la farine, puis le sel et le bicarbonate.

Ajouter le chocolat fondu et mélanger de nouveau.

Sur une tôle à biscuits préalablement graissée, verser le mélange uniformément.

Cuire au four environ 15 à 20 minutes.

Retirer du four et laisser refroidir.

À l'aide d'un emporte-pièce, couper et réserver un nombre pair de cercles (tu ne voudrais pas te retrouver avec des demi-lunes). Si tu n'as pas d'emporte-pièce, une boîte de conserve propre fera l'affaire.

Pour la crème chantilly

La marchandise

250 ml (1 tasse) de crème 35 %

25 ml (5 c. à thé) de sucre glace

5 ml (1 c. à thé) d'essence de vanille ou 1 gousse de vanille

La mission

Dans le cul-de-poule froid, fouetter tous les ingrédients jusqu'à obtention d'une crème épaisse.

Réserver au froid.

Pour l'enrobage

La marchandise

500 ml (2 tasses) de pépites de chocolat au lait

90 ml (6 c. à soupe)) d'huile végétale

La mission

Dans le chaudron à feu élevé, amener de l'eau à ébullition et déposer le cul-de-poule sur le dessus pour créer un bain-marie.

Dans le bain-marie, faire fondre le chocolat et incorporer l'huile végétale en mélangeant vigoureusement jusqu'à obtention d'une texture homogène.

Réserver au chaud.

L'assemblage

La mission

Dresser des sandwichs avec les cercles de gâteaux et la crème chantilly.

À l'aide de la cuillère à trous, tremper un à un les sandwichs dans le chocolat fondu.

Déposer sur la tôle à biscuits chemisée de papier parchemin et réserver au frigo environ 2 heures.

Au moment de servir, décoller délicatement les sandwichs à l'aide de la spatule (si tu les brises, l'effet sera un peu raté...).

Servir accompagné d'un grand verre de lait.

Whippets maison

À une certaine époque, les Whippets étaient trempés dans le chocolat à la main un par un. Plusieurs centaines de tendinites plus tard, ils sont désormais faits à la machine. Dommage, car c'est la graisse de coude qui donne le goût.

Pour 12 têtes au choco

Temps de préparation ≈ 45 minutes

Temps de cuisson ≈ 15 minutes

Temps de réfrigération ≈ 4 heures 30 minutes

Le matos

Tasse à mesurer, 2 culs-de-poule, rouleau à pâte, mélangeur électrique, cuillère en bois, papier parchemin, tôle à biscuits, chaudron, cuillère à trous

Pour les biscuits blancs

La marchandise

250 ml (1 tasse) de beurre

150 ml (⅔ tasse) de sucre

560 ml (2 ¼ tasses) de farine

5 ml (1 c. à thé) de poudre à pâte

La mission

Dans le cul-de-poule, mélanger le beurre et le sucre.

Incorporer la farine et la poudre à pâte en mélangeant constamment.

Pétrir le mélange à la main pour former une boule de pâte.

Partager la pâte en deux (cela permettra de mieux l'aplatir).

Réfrigérer au moins 30 minutes.

Préchauffer le four à 180 °C (350 °F).

Sur une surface farinée, abaisser la pâte au rouleau.

Découper des petits cercles à l'aide d'un emporte-pièce à biscuits (si tu n'en as pas, une petite boîte de conserve propre — boîte de pâte de tomate, par exemple — fera l'affaire).

Déposer les rondelles sur une tôle à biscuits chemisée de papier parchemin.

Cuire au four environ 6 à 8 minutes et réserver.

Pour la guimauve

La marchandise

3 feuilles de gélatine

125 ml (½ tasse) d'eau froide

375 ml (1 ½ tasse) de sucre

75 ml (⅓ tasse) d'eau bouillante

La mission

Activer les feuilles gélatine en les déposant dans l'eau froide, puis laisser reposer 2 minutes.

Dans le cul-de-poule, battre le sucre et l'eau bouillante à l'aide du mélangeur électrique.

Sans jamais cesser de battre, ajouter les feuilles de gélatine essorées.

Continuer de battre avec le mélangeur électrique environ 7 minutes jusqu'à ce que le mélange épaississe et devienne d'un blanc opaque.

Réserver au frigo environ 2 heures.

Pour l'enrobage

La marchandise

500 ml (2 tasses) de pépites de chocolat au lait

90 ml (6 c. à soupe) d'huile végétale

La mission

Dans le chaudron à feu élevé, amener de l'eau à ébullition et déposer le cul-de-poule sur le dessus pour créer un bain-marie.

Dans le bain-marie, fondre le chocolat et incorporer l'huile végétale en mélangeant constamment.

Réserver au chaud.

L'assemblage

Verser une cuillère à soupe du mélange à guimauve sur chaque biscuit.

Laisser figer environ 2 heures au frigo.

À l'aide de la cuillère à trous, tremper un à un les biscuits avec la guimauve dans le chocolat fondu.

Déposer sur la tôle à biscuits couverte de papier ciré et réserver au frigo environ 2 heures.

Au moment de servir, détacher délicatement les Whippets à l'aide de la spatule (si tu les brises, le punch est raté).

« LES SCEPTIQUES SERONT CONFONDUS... »

Gâteau aux croissants en boîte

Ce n'est pas dans mes habitudes d'inclure dans mes recettes des produits préparés comme celui-ci. Mais, après y avoir goûté, les sceptiques seront confondus...

Pour un gâteau simple comme bonjour

Temps de préparation
≈ 10 minutes

Temps de cuisson
≈ 20 minutes

Le matos

Couteau de chef, lèchefrite, cul-de-poule, cuillère en bois, tasse à mesurer

La marchandise

1 boîte de pâte à croissants (de la marque du p'tit bonhomme qui rit quand on lui appuie sur la bedaine...)

125 ml (½ tasse) de cassonade

125 ml (½ tasse) de crème à cuisson 35 %

La mission

Préchauffer le four à 180 °C (350 °F).

Ouvrir la boîte de pâte à croissants sans abîmer le rouleau de pâte.

Couper la pâte en rondelles d'environ 1,5 cm d'épaisseur.

Déposer les rondelles à plat dans la lèchefrite.

Dans le cul-de-poule, mélanger la cassonade et la crème.

Verser le mélange sur les rondelles de pâte dans la lèchefrite.

Cuire au four environ 20 minutes.

Servir avec un grand verre de lait ou une boule de crème glacée.

Les mayonnaises

Mêmes si certaines mayonnaises du commerce peuvent dépanner, je préfère toujours la préparer moi-même, surtout pour les sandwichs et les salades ou pour y tremper des frites. En voici quelques variantes.

Mayo maison

(recette de base)

Temps de préparation ≈ 15 minutes

Le matos

Tasse à mesurer, cul-de-poule, fouet, linge à vaisselle humide

La marchandise

1 œuf

10 ml (2 c. à thé) de moutarde de Dijon

250 ml (1 tasse) d'huile végétale

Le jus d'un demi-citron

Sel et poivre au goût

La mission

Dans le cul-de-poule, fouetter l'œuf et la moutarde.

Saler et poivrer.

Déposer le cul-de-poule sur une couronne faite d'un linge humide (pour assurer plus de stabilité).

Verser tranquillement l'huile en mince filet tout en fouettant vigoureusement (fouette sans arrêt, sinon la mayonnaise risque de tomber !).

Continuer de fouetter jusqu'à ce que toute l'huile soit incorporée (tu devrais obtenir un mélange épais, facile à tartiner).

Ajouter le jus de citron et mélanger.

Rectifier l'assaisonnement au besoin et tremper à volonté.

Ail rôti

Temps de préparation ≈ 5 minutes

Temps de cuisson ≈ 2 heures

Le matos

Tasse à mesurer, poêlon, cul-de-poule, pied-mélangeur, cuillère en bois

La marchandise

500 ml (2 tasses) de mayo maison

3 gousses d'ail, épluchées

90 ml (6 c. à soupe) d'huile végétale

La mission

Dans le poêlon à feu très doux avec l'huile, infuser l'ail pendant environ 2 heures.

Dans le cul-de-poule, broyer l'ail dans son huile à l'aide du pied-mélangeur.

Ajouter la mayonnaise et mélanger.

Tartiner ou tremper.

États-unienne

(idéale avec des frites belges...)

Temps de préparation ≈ 2 minutes

Le matos

Tasse à mesurer, cul-de-poule, cuillère en bois

La marchandise

500 ml (2 tasses) de mayo maison

75 ml (5 c. à soupe) de harissa

La mission

Dans le cul-de-poule, mélanger tous les ingrédients.

Tartiner ou tremper.

Dijonnaise

Temps de préparation ≈ 2 minutes

Le matos

Tasse à mesurer, cul-de-poule, cuillère en bois

La marchandise

500 ml (2 tasses) de mayo maison

10 ml (2 c. à thé) de moutarde de Dijon

La mission

Dans le cul-de-poule, mélanger tous les ingrédients.

Tartiner ou tremper.

Curry

Temps de préparation ≈ 2 minutes

Le matos

Tasse à mesurer, cul-de-poule, cuillère en bois

La marchandise

500 ml (2 tasses) de mayo maison

25 ml (5 c. à thé) de poudre de curry jaune

La mission

Dans le cul-de-poule, mélanger tous les ingrédients.

Tartiner ou tremper.

Grébiche

Temps de préparation ≈ 8 minutes

Le matos

Couteau de chef, planche à découper, chaudron, tasse à mesurer, cul-de-poule, cuillère en bois

La marchandise

500 ml (2 tasses) de mayo maison

4 petits cornichons, hachés

1 œuf, cuit dur

25 ml (5 c. à thé) de câpres, hachées

Sel et poivre au goût

La mission

Dans le cul-de-poule, mélanger tous les ingrédients.

Tartiner ou tremper.

Sauce au gros Marc

Temps de préparation ≈ 8 minutes

Le matos

Couteau de chef, planche à découper, tasse à mesurer, cul-de-poule, cuillère en bois

La marchandise

500 ml (2 tasses) de mayo maison

150 ml (⅔ tasse) de relish

25 ml (5 c. à thé) de ketchup

25 ml (5 c. à thé) de moutarde à hot-dog

1 oignon, haché

1 gousse d'ail, hachée

Le jus d'un demi-citron

La mission

Dans le cul-de-poule, mélanger tous les ingrédients.

Tartiner ou tremper.

Cette sauce est idéale pour un hamburger double avec laitue iceberg et fromage jaune. Ça te rappelle quelque chose ?

Rouleaux de printemps érable

Heureux d'avoir un printemps qui fait des siennes, dans une province gouvernée par de tristes pépères... À vos poêles, citoyens !

Pour 4 manifestants

Temps de préparation
≈ combien de temps avant
la révolution ?

Le matos

Couteau de chef, planche
à découper, casserole,
passoire, 2 culs-de-poule,
tasse à mesurer

La marchandise

125 ml (½ tasse) de sirop
d'érable

125 ml (½ tasse) de vinaigre
de riz

3 carottes, taillées
en juliennes

1 courgette, taillée
en juliennes

1 poivron rouge, coupé
en lanières

500 ml (2 tasses) d'eau tiède

4 feuilles de riz

12 feuilles de coriandre

Environ 8 tranches
de gingembre mariné

Sel et poivre au goût

La mission

Dans la casserole à feu élevé, amener à ébullition le sirop d'érable et le vinaigre de riz, puis cuire les carottes, la courgette et le poivron environ 1 minute.

Passer à la passoire pour récupérer les légumes (réserver le jus de cuisson pour la sauce).

Dans le cul-de-poule contenant l'eau tiède, déposer une feuille de riz et laisser tremper 30 secondes.

Retirer et déposer sur une serviette sèche et propre.

En plein centre de la feuille de riz, déposer quelques feuilles de coriandre, quelques tranches de gingembre et une portion de légumes.

Saler et poivrer.

Rouler la feuille de riz en repliant les côtés comme pour un cigare.

Fermer le rouleau en mouillant avec un peu d'eau.

Couper en biseau et servir avec des serviettes de table carrées rouges et le jus de cuisson comme sauce.

Le burger du gros Marc

Bien qu'il soit l'emblème de la décadence, ce hamburger double brise encore des cœurs…

Pour faire le clown dans le confort de sa maison (avec un grand M)

Temps de préparation
≈ 20 minutes

Temps de cuisson
≈ 15 minutes

Le matos

Tasse à mesurer, couteau de chef, planche à découper, cul-de-poule, poêlon, spatule

La marchandise

150 g (⅓ lb) de bœuf haché

25 ml (5 c. à thé) de flocons d'oignons déshydratés (ou d'oignon haché très finement)

60 ml (¼ tasse) de chapelure

75 ml (⅓ tasse) d'huile végétale

1 pain burger au sésame

½ pain burger ordinaire (la tranche du bas, dont on coupe délicatement la croûte)

60 ml (¼ tasse) de sauce au gros Marc (voir « Les mayonnaises », page 138)

2 tranches de gros cornichons

25 ml (5 c. à thé) d'oignon, haché finement

75 ml (⅓ tasse) de laitue iceberg, grossièrement hachée

1 tranche de fromage orange

Sel et poivre au goût

La mission

Dans le cul-de-poule, mélanger le bœuf haché, les flocons d'oignons, la chapelure, le sel et le poivre.

Façonner 2 galettes minces (tu peux utiliser un rouleau à pâte ou écraser la boulette entre 2 assiettes ; comme le burger sera très haut, il est important d'aplatir la viande le plus possible avant la cuisson).

Dans le poêlon à feu moyen-élevé avec l'huile, cuire les galettes de bœuf haché environ 5 minutes de chaque côté.

Retirer du feu et laisser reposer à couvert quelques minutes.

Griller le pain légèrement.

Assembler dans l'ordre : le pain du bas, la moitié de la sauce, la moitié de l'oignon, la moitié de la laitue, le fromage, une boulette, puis le pain du milieu, le reste de la sauce, de l'oignon et de la laitue, les cornichons, l'autre boulette et le pain du dessus.

Servir avec des frites maison (voir page 125) et un extra de sauce au gros Marc.

RÉPARER LES POTS CASSÉS

« Les animaux se repaissent ; l'Homme mange ; seul l'Homme d'esprit sait manger. » — Brillat-Savarin

Les bêtes se nourrissent par instinct. On s'en différencie en ce que, toi et moi, ici et aujourd'hui, on a le luxe de faire des choix quant à notre alimentation.

Il y a à peine 50 ans, « manger local » (consommer des aliments produits à l'intérieur d'une aire parcourable à dos de cheval) n'était pas, comme maintenant, une idéologie à contre-courant d'une mouvance néolibérale globale. Bien avant l'apparition des premiers chevaliers altermondialistes, pendant 99 % de l'histoire de l'humanité en fait, on a été « locavore » par nécessité et non pas par choix.

Grâce à l'accroissement de la productivité, favorisée par des innovations sur le plan mécanique, chimique ou génétique, tant dans l'agriculture et l'élevage que dans la conservation, le transport et la distribution, la variété dans le contenu de nos assiettes a littéralement explosé ! Tant mieux, non ? Peut-être, mais pas complètement.

De plus en plus, on réalise que cette évolution a un coût. Modifications transgéniques, pesticides, mondialisation des marchés, spéculation boursière, empoisonnement à petit feu de notre société par suite du bouleversement des écosystèmes et du déséquilibre de l'économie sont autant de phénomènes négatifs dont on doit aujourd'hui assumer les conséquences. Est-ce que ces méthodes qui nous ont apporté toutes ces prétendues richesses, entre autres sur le plan culinaire, pourraient aussi nous les enlever ?

Alors qu'on prend conscience des effets de nos habitudes de consommation tant sur notre propre santé que sur celle du reste du monde, les possibilités parmi lesquelles on doit maintenant choisir au quotidien dans le domaine de l'alimentation sont devenues à ce point nombreuses qu'on risque d'en perdre l'appétit...

C'est dans les moments troubles qu'on a le plus besoin de réconfort. Parce qu'elle éveille tous nos sens, quoi de mieux que la cuisine pour nous apporter ce réconfort ? Comme on dit, il faut parfois regarder en arrière pour pouvoir prévoir l'avenir. Je n'invente rien. Retourner aux sources et renouer avec ses racines, ça fait du bien. Voilà d'où je viens.

145

PRINTEMPS

Truite de camping

Avec du poisson fraîchement pêché, pas besoin de se casser le *bécyk*. Rien ne vaut la simplicité dans la façon d'apprêter et de déguster le fruit du dur labeur du pêcheur.

Pour 2 campeurs, ou plus si la pêche a été miraculeuse

Temps de préparation
≈ 15 minutes

Temps de cuisson
≈ 8 minutes

Le matos

Couteau de chef, planche à découper, papier d'aluminium, feu de camp (facultatif)

La marchandise

4 truites de ruisseau d'environ 20 cm (8 po) (ou 30 cm [12 po] si c'était une histoire de pêche)

1 gousse d'ail, hachée

1 oignon, ciselé

30 ml (2 c. à soupe) de beurre

Sel et poivre au goût

La mission

À l'aide du couteau de chef (qui devrait toujours être bien affûté, car c'est lorsqu'il est mal aiguisé qu'il est le plus dangereux), entailler le ventre du poisson depuis le menton jusqu'à la queue.

Faire pénétrer le pouce dans la fente et appliquer la pression nécessaire pour extraire complètement les entrailles (si t'es pas dégoûté, avec une truite fraîche, ça devrait être très facile).

Rincer à l'eau.

Saler et poivrer l'intérieur.

Déposer la prise sur le papier d'aluminium avec le reste des ingrédients.

Envelopper soigneusement et déposer sur la braise ou au four préchauffé à 180 °C (350 °F).

Cuire environ 6 à 8 minutes en retournant à mi-cuisson.

Servir tout nu directement dans le papier d'aluminium si t'es dans le bois ou dans une assiette si t'es pogné en ville…

Si t'es dans le bois, assure-toi de jeter les entrailles du poisson dans l'eau. Sinon, gare aux ours. Si tu es en ville, assure-toi de sortir ta poubelle le jour de la collecte, sinon ça va sentir le cr!$s.

PRINTEMPS

Fèves au lard

Que tu te lèves tôt ou que tu te couches tard, depuis des décennies on sait qu'un bon bol de bines vaut son pesant d'or!

Pour 6 colons

Temps de trempage
≈ 24 heures

Temps de préparation
≈ 15 minutes

Temps de cuisson
≈ 8 heures

Le matos

Cul-de-poule, passoire, chaudron en céramique ou un « pot à bines », tasse à mesurer, couteau de chef, planche à découper, cuillère en bois

La marchandise

1 litre (4 tasses) de haricots blancs, secs

75 ml (5 c. à soupe) d'huile végétale

1 paquet de 500 g (1 lb) de bacon, coupé en morceaux

1 oignon, ciselé

Environ 1 litre (4 tasses) *ou un peu plus* d'eau

250 ml (1 tasse) de casso- → *moi* → 3/4 t. nade

125 ml (½ tasse) de sirop d'érable

10 ml (2 c. à thé) de cannelle → *moi* → 1 c. à thé

2 clous de girofle

Sel et poivre au goût

La mission

Dans le cul-de-poule, tremper les haricots dans l'eau froide pendant 24 heures, égoutter et réserver.

Préchauffer le four à 120 °C (250 °F).

Dans le chaudron en céramique à feu moyen-élevé avec l'huile, cuire le bacon.

Aux trois quarts de la cuisson du bacon, ajouter l'oignon et poursuivre la cuisson environ 1 minute en remuant.

Baisser à feu moyen et ajouter les haricots.

Couvrir avec l'eau de façon qu'elle dépasse les haricots d'environ 1 cm.

Ajouter le reste des ingrédients et mélanger.

Couvrir et cuire au four environ 8 heures.

Servir comme plat principal ou en accompagnement.

Après avoir réalisé cette recette, tu pourras dire : Bine there, done that! C'est pour ça que je pratique le métier de cuisinier et non pas celui d'humoriste...

149

PRINTEMPS

Soupe aux pois

Tu penses que ce n'est qu'une recette de grand-mère ? Sache qu'on servait déjà de la soupe aux pois chaude dans les rues d'Athènes 500 ans av. J.-C. Peu de choses dans ce bas monde ont aussi bien subi l'épreuve du temps.

Pour 4 personnes

Temps de trempage
≈ 24 heures

Temps de préparation
≈ 10 minutes

Temps de cuisson
≈ 3 heures

Le matos

Cul-de-poule, passoire, chaudron, couteau de chef, planche à découper, tasse à mesurer, cuillère en bois

La marchandise

500 ml (2 tasses) de pois secs

15 ml (1 c. à soupe) de beurre

1 oignon, ciselé

125 ml (½ tasse) de jambon cuit, coupé en dés

1 bière (341 ml) rousse ou noire

1 litre (4 tasses) d'eau (ou de bouillon de poulet)

Sel et poivre au goût

La mission

Dans le cul-de-poule, tremper les pois secs dans l'eau froide pendant 24 heures, égoutter et réserver.

Dans le chaudron à feu moyen avec le beurre, faire revenir l'oignon.

Ajouter le jambon et poursuivre la cuisson environ 2 minutes.

Déglacer avec la bière.

Ajouter l'eau et les pois.

Laisser mijoter environ 3 heures à feu doux.

Saler, poivrer et servir.

151

PRINTEMPS

Soupe à la poulette grasse

Bien que cette plante communément appelée «choux gras» ou «épinards sauvages» soit souvent considérée comme de la mauvaise herbe, ne la jette pas, elle se mange !

Pour 4 bols

Temps de préparation
≈ 20 minutes

Temps de cuisson
≈ 30 minutes

Le matos

Couteau de chef, planche à découper, cul-de-poule, chaudron, cuillère en bois, rouleau à pâte, tasse à mesurer

La marchandise

2 œufs

250 ml (1 tasse) de farine

75 ml (⅓ tasse) d'huile végétale

1 oignon, ciselé

3 carottes, coupées en demi-rondelles

1 gousse d'ail, hachée

1 litre (4 tasses) de bouillon de volaille

750 ml (3 tasses) de feuilles de poulette grasse

La mission

Dans le cul-de-poule, mélanger les œufs et la farine, puis pétrir la pâte (mélanger en la repliant sur elle-même) avec les mains jusqu'à obtention d'une boule lisse.

À l'aide du rouleau à pâte, sur une surface farinée, abaisser la pâte à environ 5 mm d'épaisseur.

À l'aide du couteau, tailler les pâtes selon la forme désirée et réserver.

Dans le chaudron à feu moyen avec l'huile, faire suer l'oignon, les carottes et l'ail.

Ajouter le bouillon de volaille.

Laisser mijoter à feu doux environ 15 minutes.

Déposer les pâtes fraîches dans la soupe tout en remuant, puis laisser mijoter environ 5 minutes.

Ajouter les feuilles de poulette grasse et poursuivre la cuisson encore 3 minutes.

Saler, poivrer et servir.

« SI TU RÉCOLTES TES PISSENLITS TOI-MÊME, ASSURE-TOI DE BIEN LES RINCER À L'EAU... »

Salade de pissenlit

Les feuilles de pissenlit ont un goût très amer. Il est donc important de les servir avec des ingrédients sucrés afin de les adoucir. À moins que tes voisins soient obsessionnels compulsifs dans l'entretien de leur pelouse, les pissenlits sont faciles à trouver et à récolter en saison.

Pour 4 architectes paysagers

Temps de préparation
≈ 10 minutes

Le matos

Couteau de chef, planche à découper, cul-de-poule, pinces de cuisine, papier absorbant, tasse à mesurer

La marchandise

1 litre (4 tasses) de feuilles de pissenlit, fraîchement cueillies

250 ml (1 tasse) de framboises ou de fraises des champs

75 ml (⅓ tasse) de noix

125 ml (½ tasse) de fromage parmesan râpé ou de fromage bleu

25 ml (5 c. à thé) de vinaigre balsamique

25 ml (5 c. à thé) de sirop d'érable (ou de cassonade)

75 ml (⅓ tasse) d'huile d'olive ou d'huile végétale

Sel et poivre au goût

La mission

Nettoyer et essorer les feuilles de pissenlit.

Dans le cul-de-poule, mélanger tous les ingrédients.

Saler, poivrer et servir.

Tu peux trouver des feuilles de pissenlit dans certaines fruiteries et épiceries spécialisées. Si tu les récoltes toi-même, assure-toi de bien les rincer à l'eau et de les éponger avec du papier absorbant.

Ketchup aux fruits

La légende dit que le nom du condiment populaire fait de tomate, de vinaigre et de sucre proviendrait de la déformation linguistique de *tomato cat soup* (littéralement «soupe aux chats à la tomate»), un plat que les sudistes mangeaient pendant la guerre de Sécession à cause de la disette qui sévissait.

Pour du ketchup à longueur d'année

Temps de préparation
≈ 20 minutes

Temps de cuisson
≈ 3 heures 15 minutes

Le matos

Couteau de chef, planche à découper, chaudron, cuillère en bois, tasse à mesurer, pots Mason

La marchandise

75 ml (⅓ tasse) d'huile végétale

1 oignon, ciselé

8 tomates, émondées et coupées en morceaux

3 pêches, pelées et coupées en morceaux

3 poires, pelées et coupées en morceaux

2 pommes, pelées et coupées en morceaux

1 courgette, coupée en dés

250 ml (1 tasse) de cassonade

4 clous de girofle

Sel et poivre au goût

La mission

Dans le chaudron à feu moyen avec l'huile, faire suer l'oignon.

Ajouter le reste des ingrédients et laisser mijoter environ 3 heures à feu doux.

Verser le ketchup dans les pots Mason et les stériliser dans un chaudron d'eau bouillante.

Servir avec de la viande rouge, de la volaille ou, bien sûr, du pâté chinois.

Techniquement, l'appellation «ketchup aux fruits» est un pléonasme. En fait, le ketchup est toujours aux fruits, car la tomate est un fruit.

Courgettes farcies

C'est une fois un gars dans un bar. Pour l'aborder, une fille lui lance : «Viens icitte, ma belle courge, que j'te farcisse.» Ça m'a rappelé que c'est effectivement une bonne recette. Fallait que je la partage. Histoire vraie...

Pour 4 grosses courgettes

Temps de préparation
≈ 15 minutes

Temps de cuisson
≈ 10 minutes

Le matos

Couteau de chef, cuillère à soupe, planche à découper, tasse à mesurer, poêlon, cuillère en bois, râpe à fromage, tôle à biscuits

La marchandise

4 courgettes, coupées en deux dans le sens de la longueur

75 ml (⅓ tasse) d'huile végétale

250 g (½ lb) de chair de saucisse de ton choix

½ oignon, haché

½ poivron vert, coupé en dés

½ poivron rouge, coupé en dés

1 tomate, coupée en dés

75 ml (⅓ tasse) de chapelure

125 ml (½ tasse) de fromage cheddar, râpé

La mission

Préchauffer le four à 180 °C (350 °F).

À l'aide d'une cuillère à soupe, vider l'intérieur des courgettes et réserver.

Dans le poêlon à feu élevé avec l'huile, cuire la saucisse, l'oignon et l'ail.

Ajouter le poivron, la chair des courgettes et la tomate.

Cuire 5 minutes à feu doux.

Farcir les courgettes avec ce mélange.

Déposer sur la tôle à biscuits, saupoudrer de chapelure et garnir de fromage cheddar.

Cuire au four environ 10 minutes.

Bleuets au chocolat

Les trappistes ont contribué à élargir les connaissances agricoles et culinaires en Nouvelle-France. C'est eux qui ont, entre autres, fondé l'abbaye Notre-Dame-du-Lac et à qui on doit le fameux fromage d'Oka. Les bleuets au chocolat sont une autre de leurs créations divinement bonnes.

Pour un péché pardonné

Temps de préparation
≈ 5 minutes

Temps de cuisson
≈ 5 minutes

Temps de réfrigération
≈ 1 heure

Le matos

Chaudron, cul-de-poule, cuillère en bois, tôle à biscuits, papier ciré, tasse à mesurer

La marchandise

250 ml (1 tasse) de pépites de chocolat au lait

150 ml (⅔ tasse) de bleuets

La mission

Dans le chaudron à feu élevé, amener de l'eau à ébullition et déposer le cul-de-poule sur le dessus pour créer un bain-marie.

Dans le bain-marie, faire fondre le chocolat et retirer du feu.

Incorporer les bleuets et mélanger délicatement.

Sur la tôle à biscuits chemisée de papier ciré, déposer délicatement des portions d'environ 1 cuillerée à soupe.

Réfrigérer au moins 1 heure et servir tel quel ou comme garniture à dessert.

Shortcake aux fraises

Même si *shortcake* se traduit par «gâteau court», je tiens à t'avertir que la recette est longue et compliquée à faire, comparativement aux autres recettes du livre. En plus de couper 3 tasses de fraises, tu devras d'abord concocter les 2 recettes suivantes avant d'assembler le tout :

Temps de préparation
≈ 45 minutes

Temps de cuisson
≈ 50 minutes

Le matos

Couteau de chef, planche à découper, tasse à mesurer, cuillère en bois, fouet, cul-de-poule, moule à gâteau de 25 cm (10 po), couteau à glaçage

Pour le gâteau-éponge

La marchandise

2 œufs, battus

250 ml (1 tasse) de sucre blanc

5 ml (1 c. à thé) d'essence vanille

250 ml (1 tasse) d'huile végétale

10 ml (2 c. à thé) de poudre à pâte

180 ml (¾ tasse) de lait

375 ml (1 ½ tasse) de farine

Une pincée de sel

La mission

Préchauffer le four à 180 °C (350 °F).

Dans le cul-de-poule, mélanger les œufs avec le sucre et l'essence de vanille.

Ajouter l'huile et continuer de mélanger.

Incorporer graduellement les ingrédients secs en alternant avec le lait.

Verser le mélange dans le moule à gâteau préalablement graissé.

Cuire au four de 40 à 50 minutes.

Vérifier la cuisson en piquant avec un cure-dent (si le cure-dent sort propre, le gâteau est cuit).

Pour la crème chantilly

La marchandise

180 ml (¾ tasse) de crème 35 %

125 ml (½ tasse) de sucre glace

5 ml (1 c. à thé) de vanille

La mission

Dans le cul-de-poule, fouetter vigoureusement la crème, le sucre et la vanille jusqu'à obtention d'une crème fouettée.

Pour l'assemblage

La marchandise

750 ml (3 tasses) de fraises du Québec

La mission

Couper les fraises en deux.

Couper le gâteau en deux afin d'avoir un gâteau à deux étages.

Étaler sur le premier étage un peu moins de la moitié de la crème chantilly et la moitié des fraises.

Poser l'autre moitié du gâteau sur le dessus et garnir de crème. Décorer avec le reste des fraises.

Garder au froid jusqu'au moment de servir.

ÉTÉ

Pouding chômeur aux pêches sans œufs

Bien que les pêches ne poussent pas au Québec, on peut imaginer que, une fois de temps en temps, nos ancêtres s'en faisaient rapporter un panier par un proche qui revenait de son voyage de noces aux chutes Niagara.

Pour 4 prestataires

Temps de préparation
≈ 10 minutes

Temps de cuisson
≈ 40 minutes

Le matos

Passoire, tasse à mesurer, cuillère en bois, ouvre-boîtes, cul-de-poule, moule à gâteau de 25 cm (10 po)

La marchandise

1 boîte (798 ml) de pêches dans le sirop

250 ml (1 tasse) de farine

250 ml (1 tasse) de lait

15 ml (1 c. à soupe) de poudre à pâte

250 ml (1 tasse) de sucre

Une pincée de sel

La mission

Préchauffer le four à 160 °C (325 °F).

Passer les pêches à la passoire, en prenant soin de garder le sirop.

Déposer les pêches dans le fond du moule à gâteau préalablement graissé.

Dans le cul-de-poule, mélanger la farine, le lait, la poudre à pâte, le sucre et le sel.

Verser sur les pêches.

Verser le sirop sur le mélange à gâteau.

Cuire au four environ 40 minutes.

Comme y a rien de trop beau pour la classe ouvrière, on peut remplacer les pêches par des poires ou des ananas.

AUTOMNE

Sagamité

Avec cette soupe amérindienne accompagnée d'une tranche de banik, tu seras prêt à aller courir les bois ou les ruelles...

Pour 4 pisteurs

Temps de préparation
≈ 15 minutes

Temps de cuisson
≈ 1 heure 15 minutes

Le matos

Couteau de chef, planche à découper, tasse à mesurer, grand chaudron, cuillère en bois

La marchandise

340 g (¾ lb) de viande de bœuf, émincée ou coupée en dés

1 oignon, émincé

45 ml (3 c. à soupe) d'huile végétale

45 ml (3 c. à soupe) de beurre

2 gousses d'ail, hachées

30 ml (2 c. à soupe) de farine de maïs

1 litre (4 tasses) d'eau

125 ml (½ tasse) d'orge perlé

2 carottes, coupées en demi-rondelles

1 pomme de terre, coupée en dés

500 ml (2 tasses) de grains de maïs, frais ou surgelés

Sel et poivre au goût

La mission

Dans le chaudron, à feu élevé, dorer la viande et l'oignon dans l'huile et le beurre.

Ajouter l'ail et poursuivre la cuisson 1 minute.

Verser la farine, mélanger pendant 1 minute.

Ajouter l'eau, l'orge, les carottes et la pomme de terre.

Porter à ébullition.

Réduire à feu moyen, couvrir et laisser mijoter 50 minutes.

Ajouter le maïs et poursuivre la cuisson 5 minutes.

Rectifier l'assaisonnement et servir accompagné d'une tranche de banik (voir «Banik», page 184).

El Bouilli

Au diable, la cuisine moléculaire. À l'automne, il n'y a rien de plus réconfortant que l'odeur d'un bouilli maison qui mijote dans la chaumière.

Pour un gros chaudron

Temps de préparation
≈ 20 minutes

Temps de cuisson
≈ 1 heure 30 minutes

Le matos

Couteau de chef, planche à découper, tasse à mesurer, chaudron, cuillère en bois

La marchandise

600 g (1 ⅓ lb) de bœuf en cubes

75 ml (⅓ tasse) d'huile végétale

2 carottes, coupées en grosses rondelles

1 grosse pomme de terre, coupée en dés

1 navet, coupé en dés

1 oignon, coupé en morceaux

3 gousses d'ail, hachées

45 ml (3 c. à soupe) de farine

1 bouteille (341 ml) de bière, rousse de préférence

30 ml (2 c. à soupe) de moutarde forte

125 ml (½ tasse) de sirop d'érable

Une douzaine de champignons, entiers

Une douzaine de choux de Bruxelles, coupés en deux

Sel et poivre au goût

La mission

Dans le chaudron, à feu élevé, colorer le bœuf dans l'huile sans trop le remuer.

Ajouter les carottes, la pomme de terre, le navet, l'oignon et l'ail, puis poursuivre la cuisson environ 3 minutes en mélangeant constamment.

Verser la farine dans le chaudron, mélanger de façon que tous les ingrédients soient recouverts et remuer pendant 1 minute afin de cuire la farine (cela s'appelle « singer », une opération qui consiste à faire épaissir le jus de cuisson pour obtenir une sauce).

Déglacer avec la bière et laisser réduire de moitié.

Ajouter la moutarde et le sirop, puis laisser mijoter environ 1 heure.

Ajouter les champignons et les choux de Bruxelles. Poursuivre la cuisson environ 10 minutes.

Saler, poivrer et servir.

« LES CITROUILLES NE SONT PAS UNIQUEMENT BONNES À SCULPTER ET À DÉCORER UNE FOIS PAR ANNÉE. »

Tarte à la citrouille

Les citrouilles ne sont pas uniquement bonnes à sculpter et à décorer une fois par année à l'Halloween. Non seulement elles se cuisinent, mais tu peux même faire du dessert avec.

Pour 4 personnes qui ont passé l'âge de quêter des bonbons

Temps de préparation
≈ 20 minutes

Temps de cuisson
≈ 35 minutes

Le matos

Couteau de chef, planche à découper, cul-de-poule, cuillère en bois, tasse à mesurer, chaudron, passoire, pile patate, assiette à tarte

Pour la pâte

La marchandise

325 ml (1 ⅓ tasse) de chapelure de biscuits Graham

125 ml (½ tasse) de sucre glace

75 ml (⅓ tasse) de beurre non salé, fondu

La mission

Dans le cul-de-poule, mélanger la chapelure, le sucre et le beurre fondu.

Tapisser le fond de l'assiette à tarte et réserver.

Pour la garniture

La marchandise

1 citrouille de taille moyenne

75 ml (⅓ tasse) de crème 35 %

180 ml (¾ tasse) de sucre glace

1 œuf

La mission

Préchauffer le four à 180 °C (350 °F).

Peler, épépiner et couper la citrouille en dés.

Dans le chaudron contenant de l'eau bouillante, cuire la citrouille jusqu'à ce qu'elle soit tendre. Égoutter.

Dans le cul-de-poule, réduire les morceaux de citrouille en purée à l'aide du pile patate.

Mélanger environ 375 ml (1 ½ tasse) de purée de citrouille avec la crème, le sucre glace et l'œuf.

Verser sur la pâte à tarte.

Cuire au four environ 25 minutes.

Dois-je te rappeler de conserver les graines de la citrouille après l'avoir vidée ? Tu les laves, les places sur une tôle à biscuits, les saupoudres d'un peu d'huile et de sel, les fais cuire 20 minutes à 90 °C (200 °F), puis 5 minutes à « broil », et t'as la meilleure grignotine qui soit. Personnellement, j'en suis littéralement accro.

« UNE POMME POURRIE NE GÂTE PAS TOUT LE PANIER. »

Pommes au four

Comme le dit la chanson, «une pomme pourrie ne gâte pas tout le panier».
J'ajouterai que, même si elle est très «poquée», aucune pomme non moisie
ne mérite d'être jetée.

Pour 6 cœurs tendres

Temps de préparation
≈ 15 minutes

Temps de cuisson
≈ 30 minutes

Le matos

Vide-pomme, cul-de-poule,
cuillère en bois, couteau
de chef, lèchefrite, tasse
à mesurer

La marchandise

6 pommes (si elles com-
mencent à être un peu
molles, c'est encore mieux)

500 ml (2 tasses) de raisins
secs

500 ml (2 tasses)
de cassonade

15 ml (1 c. à soupe)
de cannelle

125 ml (½ tasse) de crème 35 %

La mission

Préchauffer le four à 180 °C (350 °F).

À l'aide du vide-pomme, évider les pommes.

Faire une entaille autour du centre de chaque pomme et réserver.

Dans le cul-de-poule, mélanger les raisins, la cassonade
et la cannelle.

Remplir le centre de chaque pomme avec la farce.

Mélanger le surplus de farce avec la crème.

Verser le mélange dans la lèchefrite, puis y mettre les pommes farcies.

Cuire au four environ 30 minutes.

On peut garnir avec du yogourt grec ou, mieux selon moi,
avec du caramel maison.

AUTOMNE

Croustade aux pommes

Dans mes cours d'économie familiale au secondaire, j'étais pourri en couture, mais c'est là que j'ai pris goût à la cuisine. Voici la première recette que j'ai réussie.

Pour 4 étudiants fauchés

Temps de préparation
≈ 10 minutes

Temps de cuisson
≈ 25 minutes

Le matos

Couteau de chef, planche à découper, tasse à mesurer, moule à pain ou à gâteau, 2 culs-de-poule, cuillère en bois, lèchefrite

La marchandise

6 pommes, pelées et coupées en dés

25 ml (5 c. à thé) de jus de citron

125 ml (½ tasse) de cassonade

250 ml (1 tasse) de gruau

125 ml (½ tasse) de farine

125 ml (½ tasse) de sucre

5 ml (1 c. à thé) de cannelle

125 ml (½ tasse) de beurre, fondu

La mission

Préchauffer le four à 180 °C (350 °F).

Dans le premier cul-de-poule, mélanger les pommes avec le jus de citron et la cassonade, puis étendre dans la lèchefrite.

Dans le second cul-de-poule, mélanger le gruau, la farine, le sucre, la cannelle et le beurre fondu.

Verser sur les pommes. Appliquer une pression avec les mains pour tasser le tout.

Cuire au four environ 25 minutes.

Servir seul ou à la mode, avec de la crème glacée.

Ragoût de boulettes

Pas besoin d'être un cordon-bleu pour bien manger. Si cette recette contient autant d'épices, c'est probablement parce qu'elles servaient à masquer le goût rance de la viande sortie du banc de neige, lequel servait de congélateur à l'époque des premiers colons.

Pour 4 amateurs de boules

Temps de préparation
≈ 20 minutes

Temps de cuisson
≈ 3 heures 30 minutes

Le matos

Couteau de chef, planche à découper, tasse à mesurer, chaudron, pinces de cuisine, 2 culs-de-poule, cuillère en bois, passoire

La marchandise

Pour la cuisson du porc

500 g (1 lb) d'épaule de porc

45 ml (3 c. à soupe) d'huile végétale

1 oignon, coupé en deux

2 carottes, coupées en trois

2 gousses d'ail

2 feuilles de laurier

3 clous de girofle

Environ 750 ml (3 tasses) d'eau

Sel et poivre au goût

Pour les boulettes

500 g (1 lb) de porc haché

1 oignon, haché très finement

5 ml (1 c. à thé) de moutarde sèche

2,5 ml (½ c. à thé) de cannelle

2,5 ml (½ c. à thé) de muscade

1 œuf

75 ml (⅓ tasse) de chapelure

Sel et poivre au goût

Pour la sauce

25 ml (5 c. à thé) de beurre

25 ml (5 c. à thé) de farine

Sel et poivre au goût

La mission

Assaisonner l'épaule de porc avec le sel et du poivre.

Dans le chaudron à feu élevé avec l'huile, saisir l'épaule de porc de chaque côté (1 à 2 minutes par côté, ou jusqu'à ce que la viande soit brune et qu'elle se détache facilement du fond du chaudron).

Ajouter l'oignon, les carottes, l'ail, les feuilles de laurier et les clous de girofle.

Mouiller avec l'eau pour couvrir le rôti.

Amener l'eau à ébullition, puis baisser à feu moyen-doux. Couvrir et laisser mijoter environ 3 heures.

Pendant ce temps, dans le cul-de-poule, mélanger tous les autres ingrédients pour confectionner les boulettes (faut pas avoir peur de se salir, vas-y avec les mains, après avoir eu soin de les laver, bien sûr).

Façonner les boulettes (de la taille d'une balle de golf environ) et réserver.

Une fois l'épaule de porc cuite, la retirer du bouillon à l'aide des pinces et réserver dans le cul-de-poule (garde le bouillon, sinon la prochaine étape va être complètement bousillée).

Passer le bouillon à la passoire et réserver (tu peux maintenant jeter les aromates, car tu n'en auras plus besoin).

Dans le même chaudron à feu moyen-doux, faire fondre le beurre.

Ajouter la farine et remuer constamment pendant environ 5 minutes. Ça s'appelle faire un roux. Cette préparation te permettra d'épaissir ton bouillon par la suite.

Verser le bouillon graduellement en fouettant sans arrêt.

À l'aide des mains ou de deux fourchettes, effilocher l'épaule de porc.

Déposer les boulettes et la viande effilochée dans le chaudron contenant la sauce et laisser mijoter au moins 30 minutes.

Rectifier l'assaisonnement au besoin.

Servir chaud.

<< BIEN AVANT LA LOI 101, C'EST COMME ÇA QU'ON APPELAIT LE PÂTÉ CHINOIS DES ANGLAIS. >>

Shepherd's pie

Si on se fie à la légende, l'appellation «pâté chinois» rend hommage aux travailleurs chinois qui, avec leur sang, leur sueur et leurs larmes, ont posé les premières traverses du chemin de fer qui a déjà fait la fierté de notre «plus» meilleur pays au monde. Bien avant la loi 101, c'est comme ça qu'on appelait le pâté chinois des Anglais.

Pour 6 travailleurs de chantier

Temps de préparation
≈ 20 minutes

Temps de cuisson
≈ 1 heure 15 minutes

Le matos

Couteau de chef, économe, planche à découper, tasse à mesurer, chaudron, passoire, pile patate, cuillère en bois, lèchefrite

La marchandise

5 grosses pommes de terre, épluchées et coupées en dés

45 ml (3 c. à soupe) de beurre

90 ml (6 c. à soupe) de lait

150 ml (⅔ tasse) d'huile végétale

750 g (1 ⅔ lb de bœuf haché mi-maigre (ou maigre)

2 poireaux, émincés (le blanc et le vert)

Sel et poivre au goût

La mission

Préchauffer le four à 190 °C (375 °F).

Dans le chaudron contenant de l'eau froide, déposer les pommes de terre et amener à ébullition.

Cuire environ 10 minutes et égoutter.

Dans le même chaudron à feu doux, réduire les pommes de terre en purée à l'aide du pile patate.

Incorporer le beurre, le lait, le sel et le poivre, puis réserver.

Dans le poêlon à feu élevé avec la moitié de l'huile, cuire le bœuf haché.

Déposer le bœuf dans la lèchefrite.

Dans le même poêlon à feu moyen avec le reste de l'huile, blondir les poireaux et déposer sur le bœuf dans la lèchefrite.

Ajouter les pommes de terre.

Cuire au four environ 1 heure.

Servir chaud avec du ketchup.

HIVER

Poulamon

Communément appelé «petit poisson des chenaux», le poulamon frais, comme la truite fraîche, s'apprécie le mieux lorsqu'il est apprêté simplement. Tant mieux, car ce n'est pas toujours évident de cuisiner dans un *shack* au beau milieu d'un lac à 30 degrés sous zéro.

Pour 4 pêcheurs qui ont les pieds gelés

Temps de préparation
≈ 15 minutes

Temps de cuisson
≈ 8 minutes

Le matos

Canne à pêche, couteau de chef, planche à découper, 2 culs-de-poule, poêlon, spatule, papier absorbant

La marchandise

6 à 8 poulamons

1 œuf, battu

125 ml (½ tasse) de farine

75 ml (⅓ tasse) d'huile végétale

25 ml (5 c. à thé) de beurre

1 citron, coupé en deux

Sel et poivre au goût

La mission

Couper les nageoires et la tête, puis vider les poissons (pour la technique de vidage, voir la «Truite de camping», page 147).

Tremper chaque poisson dans l'œuf, puis dans la farine (secouer légèrement pour enlever l'excédent de farine).

Dans le poêlon, à feu moyen-élevé, cuire le poisson dans l'huile et le beurre, environ 4 minutes de chaque côté.

Déposer sur le papier absorbant afin d'éponger l'huile.

Saler et poivrer.

Servir chaud avec du citron et un accompagnement de ton choix (par exemple, la «Pipérade», page 33 ou les «Pommes de terre aligot», page 47).

HIVER

Poule au pot

Henri IV, dans toute sa «bonté», aurait maintes fois répété à ses sujets : «Si Dieu me donne encore de la vie, je ferai qu'il n'y aura point de laboureur en mon royaume qui n'ait moyen d'avoir une poule dans son pot. » Il était peut-être roi, mais, en bon politicien, il parlait déjà la langue de bois. En somme, une poule au pot, c'est un peu comme un bouilli, mais du côté de la basse-cour.

Pour une poule dans son pot

Temps de préparation
≈ 2 minutes

Temps de cuisson
≈ 2 heures

Le matos

Couteau de chef, planche à découper, chaudron, louche, tasse à mesurer, casserole, cuillère en bois

La marchandise

Pour la poule

1 poulet entier

3 clous de girofle

2 gousses d'ail

1 navet, pelé et coupé en dés

3 carottes, coupées en demi-rondelles

2 oignons, coupés en dés

3 panais, coupés en demi-rondelles

3 grosses pommes de terre, coupées en dés

Environ 3 litres (12 tasses) d'eau

Sel et poivre au goût

Pour la sauce

15 ml (1 c. à soupe) de farine

15 ml (1 c. à soupe) de beurre

500 ml (2 tasses) de jus de cuisson (qu'on prend dans le pot pendant la cuisson)

Sel et poivre au goût

La mission

Déposer la poule dans le chaudron, couvrir d'eau, et ajouter le sel, le poivre et le clou de girofle.

Amener à ébullition, baisser le feu et laisser mijoter environ 2 heures. (Mais, ne t'en va pas trop loin : c'est pas parce que ça mijote que la *job* est finie. Même que ce ne serait pas bête de programmer des alertes sur ton «téléphone intelligent» pour la suite...)

Après la première demi-heure, ajouter l'ail et le navet.

Après la deuxième demi-heure, ajouter les carottes, les oignons et les panais.

Après la troisième demi-heure, ajouter les pommes de terre, puis, avec la louche, retirer 500 ml (2 tasses) du jus de cuisson et réserver.

Dans la casserole, à feu moyen, faire fondre le beurre à feu moyen-doux.

Ajouter la farine et remuer sans arrêt pendant environ 5 minutes.

Verser le jus de cuisson graduellement en fouettant sans arrêt (jusqu'à obtention d'une sauce lisse et crémeuse).

Saler et poivrer.

Une fois la poule cuite, la retirer de son pot (si tu vois, en détachant une cuisse, que la viande est encore rosée, cuis-la encore pendant une autre demi-heure).

Passer le pot à la passoire pour récupérer le bouillon et les légumes (on ne jette rien, garde le reste du bouillon au congélateur pour de futures recettes).

Servir la poule accompagnée des légumes et laisser l'appétit du cerf vider l'assiette en son royaume.

HIVER

Gâteau aux fruits

Bien avant la découverte des agents chimiques de conservation, nos ancêtres préparaient le fameux gâteau aux fruits à l'automne pour pouvoir en manger tout l'hiver. Selon une rumeur qui circule, certains gâteaux aux fruits pourraient se conserver jusqu'à 10 ans. Mais la légende veut que seuls les descendants des Chevaliers de Colomb connaissent le secret de la recette…

Pour une brique

Temps de préparation
≈ 15 minutes

Temps de cuisson
≈ 1 heure 30 minutes

Le matos

Tasse à mesurer, cuillère en bois, cul-de-poule, moule à pain

La marchandise

180 ml (¾ tasse) de cassonade

125 ml (½ tasse) d'huile végétale

2 œufs, battus

5 ml (1 c. à thé) de poudre à pâte

430 ml (1 ⅔ tasse) de farine

125 ml (½ tasse) de jus d'orange

Une pincée de muscade

Une pincée de cannelle

500 ml (2 tasses) de noix de Grenoble

125 ml (½ tasse) de confiture de fraises

500 ml (2 tasses) de fruits confits de ton choix

La mission

Préchauffer le four à 120 °C (250 °F).

Dans le cul-de-poule, mélanger la cassonade avec l'huile.

Ajouter les œufs et la poudre à pâte.

Verser la farine en pluie en remuant constamment.

Délayer avec le jus d'orange, puis ajouter le reste des ingrédients.

Verser dans le moule à pain préalablement graissé.

Cuire au four environ 1 heure 30 minutes.

Blanc-manger

Le blanc-manger est une recette sucrée dont l'origine remonte à l'époque médiévale et que nous avons gardée dans notre patrimoine culinaire. Le temps est venu de redonner ses lettres de noblesse à cet entremets classique.

Pour 4 coupes aux lèvres

Temps de préparation
≈ 10 minutes

Temps de cuisson
≈ 15 minutes

Temps de réfrigération
≈ 4 à 6 heures

Le matos

Tasse à mesurer, cuillère en bois, cul-de-poule, chaudron, 4 verres à vin

La marchandise

500 ml (2 tasses) de lait

30 ml (2 c. à soupe) de sucre

5 ml (1 c. à thé) d'essence de vanille

75 ml (⅓ tasse) de fécule de maïs

90 ml (6 c. à soupe) d'eau froide

La mission

Dans le chaudron, à feu moyen, chauffer le lait, le sucre et la vanille.

Dans le cul-de-poule, mélanger la fécule de maïs et l'eau froide.

Incorporer le mélange à celui de lait, de sucre et de vanille.

Laisser mijoter environ 12 minutes (le temps que le mélange épaississe).

Verser dans les verres à vin.

Réfrigérer environ 4 à 6 heures.

Servir nature ou avec ta purée de fruit préférée.

Comme cette recette a traversé le temps, depuis l'époque des chevaliers jusqu'à nous, j'aime à penser qu'elle pourra nous protéger contre les cavaliers de l'Apocalypse.

183

Banik

La banik est un pain amérindien dont tu peux prendre en note la recette pour être prêt au lendemain de la fin, quand tu seras rendu à l'étape du voyage où il te faudra faire de la survie en Haute-Mauricie...

Pour une miche qui n'a pas très bonne mine, mais qui goûte bon

Temps de préparation
≈ 15 minutes

Temps de cuisson
≈ 1 heure 30 minutes

Le matos

Tasse à mesurer, cuillère en bois, cul-de-poule, tôle à biscuits, papier parchemin

La marchandise

500 ml (2 tasses) de farine tout usage

30 ml (2 c. à soupe) de sucre

15 ml (1 c. à soupe) de poudre à pâte

Une pincée de sel

250 ml (1 tasse) d'eau

La mission

Préchauffer le four à 180 °C (350 °F).

Dans le cul-de-poule, mélanger tous les ingrédients secs.

Ajouter l'eau peu à peu en mélangeant jusqu'à obtention d'une pâte.

Déposer sur la tôle à biscuits chemisée de papier parchemin et cuire au four environ 1 heure 30 minutes ou jusqu'à ce que la croûte soit dorée.

La banik peut faire office de croûton pour des trempettes, être poêlée avec un peu d'huile et d'épices ou pour une salade.

Gâteau quatre-quarts

D'origine bretonne, on l'appelle «quatre-quarts» parce qu'il est traditionnellement composé de 4 ingrédients (farine, sucre, beurre, œufs) en quantités égales (de la même masse). Les Anglais l'appellent *pound cake* parce que la masse totale de ses ingrédients fait 1 livre. Mais au-delà des maths, ce petit gâteau fera des miracles à l'heure du thé post-apocalyptique...

Pour 2 demi-gâteaux

Temps de préparation
≈ 10 minutes

Temps de cuisson
≈ 35 minutes

Le matos

Tasse à mesurer, cuillère en bois, cul-de-poule, moule à pain

La marchandise

250 ml (1 tasse) de sucre

250 ml (1 tasse) de beurre mou

3 œufs

250 ml (1 tasse) de farine

Une pincée de sel

La mission

Préchauffer le four à 180 °C (350 °F).

Dans le cul-de-poule, mélanger le sucre et le beurre.

Ajouter les œufs et continuer de mélanger.

Verser la farine et le sel en pluie en mélangeant constamment.

Déposer le mélange dans le moule à pain légèrement graissé.

Cuire au four pendant environ 35 minutes.

Pour vérifier la cuisson, plante un cure-dent. S'il sort propre, le gâteau est cuit.

On pourrait lui mettre un glaçage, mais personnellement je préfère mon quatre-quarts nature ou servi avec un coulis de fruits.

Tarte au sucre

Si t'es comme moi, une fois de temps en temps — avoue que ça arrive la plupart du temps quand t'es bien évaché sur ton divan — il te vient soudainement l'envie de manger une pointe de vraie bonne tarte au sucre au goût d'antan, comme celle que faisait ta grand-maman...

Pour une *gang* de colocs dont les grands-mères sont mortes

Temps de préparation
≈ 15 minutes

Temps de cuisson
≈ 30 minutes

Le matos

Couteau de chef, planche à découper, 2 culs-de-poule, cuillère en bois, tasse à mesurer, chaudron, passoire, pile patate, assiette à tarte

La marchandise

Pour la pâte

825 ml (3 ⅓ tasses) de chapelure de biscuits Graham

125 ml (½ tasse) de sucre glace

150 ml (⅔ tasse) de beurre non salé, fondu

Pour la garniture

250 ml (1 tasse) de cassonade

250 ml (1 tasse) de crème

3 jaunes d'œufs, battus

La mission

Préchauffer le four à 160 °C (325 °F).

Dans le cul-de-poule, mélanger la chapelure, le sucre glace et le beurre fondu.

Tapisser le fond de l'assiette à tarte.

Dans l'autre cul-de-poule, mélanger la cassonade, la crème et les jaunes d'œufs.

Verser dans l'assiette à tarte et cuire au four environ 30 minutes.

Si ta grand-mère n'est pas morte, ceci a pour but de te rappeler d'aller la visiter et de prendre en note ses recettes de cuisine, mais surtout ses recettes de vie. Son expérience est inestimable. Si tu lis ces lignes et si tu te sens concerné, avoue que ce serait con que, comme un trop grand nombre d'entre nous, tu t'en rendes compte évaché sur ton divan, alors qu'il est trop tard...

187

INDEX ALPHABÉTIQUE DES RECETTES

ASSAISONEMENTS CLÉS

Alexis Brault

Mathilde Pigeon

Daniel Mathieu

Yanick Nolet

Guy Lévesque

Curieux Bearing

Ma mère, Céline Godin

Cynthia Lepage

Elvis Penny

Étienne Tanguay

Stéphane « ti-gras » Gauthier

Paul Soucie

Luc Laroche

Nicolas Monérat

Le restaurant Misto,
929 avenue Mont-Royal Est,
Montréal

La boutique Eva B.,
2015 boulevard Saint-Laurent,
Montréal

MC Gilles

Lorraine Brault

Carole Pigeon

Benoit Bourque

Gildor Roy

Yan Tremblay

Le crew du projet 45

Chris Hatin

Henry Galan

Sabrina Bellemare

L'anarchie culinaire
selon
Bob